Mundo Dos Espíritos

Salvador Gentile

Mundo Maior
Editora
Seu futuro começa aqui.

Mundo dos Espíritos

1ª Edição - Junho/2003 - Mundo Maior Editora

Direção Editorial:
Onofre Astínfero Baptista/Eurípedes Rodrigues dos Reis

Projeto Gráfico e Paginação:
Renata de Carvalho Gomes

Elaboração da capa:
Raul Rangel

Revisão:
Débora Costa Mateus

www.mundomaior.com.br
e-mail: feal@feal.com.br

Mundo Maior Editora
Fundação Espírita André Luiz
Rua Duarte de Azevedo, 728
02036-022 São Paulo / SP
(0__ 11) 6979 2157

Índice

Mundo dos Espíritos

Certa feita, há alguns anos, acompanhamos nosso confrade Alipio Gonzáles, de Caracas, Venezuela, a Uberaba, em visita ao nosso amigo comum, Francisco Cândido Xavier e presenciamos quando recebeu, através do nosso querido irmão médium, mensagem escrita do benfeitor espiritual Bezerra de Menezes, orientando-o quanto às suas tarefas no campo de divulgação da Doutrina Espírita nos países de fala espanhola.

Como diretriz essencial, orientava o referido instrutor da Vida Maior, textualmente:

"A formação de núcleos reduzidos de pessoas interessadas no conhecimento da Doutrina Espírita, em padrões do Culto do Evangelho de Jesus no Lar, é a medida ideal para a disseminação dos princípios do Espiritismo-Cristão, entre os nossos irmãos de língua castelhana."

Comentou-se, na oportunidade, o acerto da orientação, porque com a formação de grupos familiares, numa primeira etapa, inevitavelmente, estes, pelo seu adensamento, pela multiplicação dos seus membros, evoluiriam para a fundação de Centros Espíritas, na base de pessoas plenamente capacitadas para o trabalho espírita junto ao público.

O obstáculo que surgiu, à primeira vista, era de que modo disseminar essa prática do estudo da Doutrina Espírita no recesso dos lares.

Por causa disso surgiu a idéia de se fazer algo que pudesse orientar, de certo modo, as pessoas, para a formação e funcionamento desses grupos familiares, fornecendo-lhes um método de estudo e uma imagem do seu desenvolvimento.

Foi este o objetivo do presente livro, que relata o desenrolar de algumas reuniões, no Culto do Evangelho no Lar, com seu tema fundamental centrado sobre o Livro Segundo – **Mundo Espírita** ou **dos Espíritos** – de **O Livro dos Espíritos**, procurando desenvolver o assunto com conhecimentos suplementares que nos foram trazidos, principalmente, com as obras ditadas pelo Espírito André Luiz, através da mediunidade de Francisco Cândido Xavier.

* * *

Cumpre assinalar que procuramos usar, quase que integralmente, os próprios textos de O Livro dos Espíritos, a fim de não fugir à sua singeleza, mais apropriada à compreensão da mente popular.

No entanto, com a intenção de não cansar a atenção do leitor, deixamos de conter, entre aspas, os textos literalmente transcritos, como é de estilo, método este que queremos deixar aqui justificado.

O AUTOR

Araras, 15 de agosto de 1987.

I - Dos Espíritos

Naquela tarde, Augusto chegou em casa na hora habitual, trazendo um pequeno embrulho que deixou sobre a mesa, antes de ir para o banho costumeiro, que antecedia o jantar.

Como não disse nada a ninguém, a respeito do pacote seus três filhos ficaram curiosos, cada qual procurando adivinhar o que continha, naturalmente até fazendo planos de que fosse um presente para si, porque o pequeno volume aparentava ser uma caixinha com alguma coisa dentro.

Quando estava terminando o jantar, Alice não se conteve e perguntou:

– Papai! O que foi que o senhor trouxe? Algum presente para mim?

Augusto sorriu bem humorado, olhou a filha com ternura, e respondeu:

– Creio que é um presente para todos nós. Depois do jantar, vamos abri-lo.

Agora, sim, que a curiosidade das crianças aumentou. Afinal, já se sabia que era um presente, e que atenderia a todos.

Terminado o jantar, Alice foi buscar o pequeno pacote, que a mamãe havia colocado sobre a mesinha do telefone, e levou-o inquieta para o pai, olhando-o com seus grandes olhos, como a pedir-lhe que revelasse logo o mistério daquele pacote que lhe agitava a curiosidade.

Augusto tomou-a nos braços, sentou-a carinhosamente sobre os joelhos, colocando o disputado embrulho sobre a mesa. Pedrinho e Carlinhos se acercaram, curiosos também que estavam, por aquilo que a imaginação já havia transformado num mistério.

Calmamente, Augusto soltou os adesivos que prendiam o papel e quando o desdobrou, cuidadosamente, para espanto e até desilusão das crianças, apareceram três pequenos livros, dois deles mais grossos com mais folhas, e o outro mais fino e, lógico, com menos folhas.

E porque percebeu que as crianças se entristeceram quando se lhes desfez a fantasia, explicou:

– Há dias, ganhei de um colega de trabalho estes livros e este folheto. O folheto nos fala das vantagens de estudarmos juntos, em casa, os ensinamentos de Nosso Senhor Jesus Cristo, mostrando que com esse costume, a nossa família se fortalecerá, nós aprenderemos muitas coisas boas para empregarmos em nossas vidas e nos tornaremos cada dia melhores. Li o folheto que se chama **Evangelho no Lar** e os outros dois livros são: **O Evangelho Segundo o Espiritismo e O Livro dos Espíritos**. Achei a sugestão, de estudarmos juntos, muito interessante e, por isso disse a vocês que talvez seja um presente para todos nós, porque aquilo que pode nos tornar melhores e mais felizes, será sempre uma dádiva em nosso favor.

– E o que diz esse livro? – perguntou Pedrinho, atalhando as palavras do pai, sem poder conter a sua curiosidade.

– Para responder à sua pergunta, naturalmente, vou ter que terminar de ler o livro, o que vou fazer daqui a pouco. Amanhã, depois do jantar, posso contar-lhes muito mais coisas a respeito. Está bem assim? – perguntou sorrindo, colocando Alice no chão para que os três fossem brincar um pouco na sala, antes de irem para o quarto dormir.

* * *

Na tarde do dia seguinte, mal terminara o jantar, Pedrinho fez a cobrança:

– E então, papai, o que diz o livro que o senhor leu?

– Muito interessante, meu filho. Ele mostra a religião por um outro ângulo, de maior amplitude e pureza, e dá às palavras e atos de Jesus uma interpretação mais justa, ao mesmo tempo em que explica a vida em bases mais racionais. Conversei com mamãe e vamos estudar juntos, uma noite por semana, esse pequeno livro que me parece maravilhoso. E vocês vão estudar também com a gente.

– Vamos começar a estudar, hoje, papai? – perguntou Pedrinho.

– Podemos começar, hoje mesmo. Assim que mamãe tirar as coisas da mesa, vamos nos reunir aqui, em torno dela.

– E vamos nos reunir todas as semanas?

– Sim, na quarta-feira de cada semana.

– E eu posso gravar o que se passar na reunião?

– É uma ótima idéia. Você fica encarregado dessa providência. Pode armar o seu gravador.

Pedrinho retirou-se, apressado, e voltou sobraçando um pequeno gravador, que posicionou no centro da mesa.

D. Lúcia, depois de acomodar as coisas na cozinha, sentou-se junto ao marido, com as três crianças esperando, impacientes.

Após proferir uma prece inicial, rogando a inspiração divina para os estudos iniciantes, Augusto explicou como iriam estudar. Ele abriria o livro, de modo indiscriminado, e leria uma página. Depois, tentaria explicá-la com a ajuda da participação de todos.

Aberto O Evangelho quase no meio, deu na página 191, da qual Augusto leu o item 8, a respeito do parentesco corporal e do parentesco espiritual.

As crianças acompanharam a leitura de olhos arregalados, entre demonstrando que não estavam entendendo nada. Até Pedrinho, que estava mais adiantado na escola, tinha no rosto uma expressão um tanto desanimada, porque não conseguia decifrar aquelas palavras e conceitos que estavam sendo lidos.

Inclusive D. Lúcia, que acompanhava atenta, palavra por palavra, dava sinais de que não entendia tudo.

O próprio Augusto estava lendo algo surpreso com as novidades que surgiam, e que estavam completamente fora daquilo que conhecia através da sua religião, que era a tradicional.

Por isso, ao terminar de ler o primeiro parágrafo, parou a leitura e, como se quisesse retomar o fio da meada, diante dos familiares também indecisos, leu de novo, e agora mais pausadamente, a partir do título:

"Parentesco corporal e parentesco espiritual.

8 – Os laços de sangue não estabelecem, necessariamente, os laços entre os Espíritos. O corpo procede do corpo, mas o Espírito não procede do Espírito, porque o Espírito existia antes da formação do corpo; não foi o pai quem criou o Espírito do filho, ele não fez senão fornece-lhe o envoltório corporal, mas deve ajudar o seu desenvolvimento intelectual e moral, para o fazer progredir."

– Espera aí! – interrompeu D. Lúcia –, quer dizer que nosso Espírito não nasceu com o corpo?

– É o que está escrito aqui. Os pais só fornecem ao filho o corpo, nada mais. O Espírito já existia antes da formação do corpo e, assim, já era uma individualidade.

– Mas, onde está a prova disso? – perguntou D. Lúcia, algo embaraçada.

– Bem, não se esqueça de que estamos começando a estudar um assunto que, pelo que vejo, nos é totalmente estranho. É uma colocação que eu desconhecia.

Naturalmente, vamos nos orientar e pesquisar para respondermos a todas as nossas indagações, porque se existe uma afirmativa tão bem posta como esta, deverão existir explicações sensatas que a elucidem – respondeu Augusto, atencioso, e retomando a palavra continuou:

– Mas, até lá, podemos raciocinar. A tese é atraente e me parece muito lógica. Nós temos três filhos de gênio completamente diferente um do outro. Se o Espírito fosse gerado com o corpo, sendo os três originados dos mesmos pais, deveriam ser iguais. É a primeira conclusão que tiro.

– Mas, os nossos corpos também não são iguais. Eu e o Carlinhos somos homens e Alice é mulher – acentuou Pedrinho.

– Bem, Pedrinho, isso está explicado pela Ciência. A Genética nos ensina que dependendo da combinação de certos elementos criadores do homem e da mulher, o sexo do corpo é determinado, homem ou mulher.

– Não poderia, a mesma combinação desses elementos, resultar em capacidade intelectual e afetiva também diferentes? – perguntou D. Lúcia, para quem o assunto ainda estava nebuloso.

– A Ciência, até hoje, pelo que sei, não descobriu nada a esse respeito, quer dizer, não explica nada quanto às diferenças individuais. Diz apenas, pela observação, que cada indivíduo é diferente dos outros; mas não diz porquê. Aqui, pelo menos, estamos nos defrontando com uma tese que me parece lógica, e que explica o até agora inexplicado problema das diferenças individuais – ponderou Augusto, que estava se empolgando com o novo entendimento.

– Realmente, a idéia de que nós já existíamos antes de nascer me parece explicativa, mas ainda não posso imaginar como se encaixa com a realidade – desabafou Dª Lúcia.

– Mamãe, eu acho que antes eu devia ser muito pequenina, porque não me lembro de nada; acho que eu não fazia nada... – raciocinou Alice, com aparente inocência.

– É isso! Como não nos lembramos de nada se já existíamos antes? Se o Espírito não foi criado pelos pais com o corpo, quando e como foi criado? E onde estávamos antes de nascermos? – aproveitou-se D. Lúcia, com uma saraivada de perguntas, a partir da simples observação de Alice.

– Calma, gente! Assim não vamos conseguir nos entender. Organizemos as questões para que venham em seqüência, explicando-se umas às outras. Creio que o mais sensato seria indagarmos primeiro, como foi criado o Espírito. Tenho aqui também **O Livro dos Espíritos** onde estão os princípios básicos da Doutrina Espírita. Tanto ele quanto **O Evangelho**, dispõem de um índice analítico que nos faculta a consulta rápida. Vamos ver. Ah! aqui está; "criação dos Espíritos", páginas 71 e 83, de **O Livro dos Espíritos**. Vejamos o que diz.

Augusto manuseou o livro e se deteve na leitura.

– Dizem os Espíritos que o Espírito foi criado por Deus e, assim, tiveram um princípio e, pelo que sabem, não têm fim, sendo inacessível ao nosso entendimento o **quando** e o **como** foram criados, sendo esse um mistério da vida.

– Pronto! aí vem a tranca do **mistério**! Deus criou o Espírito e ponto final! Fica tudo a mesma coisa, porque as religiões do mundo usam o mesmo subterfúgio: mistério... Mistério... Interferiu D. Lúcia, um tanto irônico, reagindo à eventual mudança.

– Ora, Lúcia, você não está sendo justa – retrucou Augusto, paciente –. Ao que consta, a Ciência, com todos os sofisticados recursos que tem, não desvendou cinco por cento dos segredos do mundo material, que nos cerca. Além disso, o efeito sugere a causa, como a obra dá testemunho do autor. Você, naturalmente, não admite que os homens construíram o Sol, a Terra, os planetas e essa imensidade de corpos celestes que povoam o espaço infinito, para referir-me apenas ao macrocosmo, como não deve admitir que foram os homens que estabeleceram as leis perfeitas e imutáveis que regem a Natureza e a Vida. Se não foram os homens, há de ter um autor que realizou todos esses prodígios, e esse Autor é Deus.

– Nossa pai, a minha professora disse que só a Via Láctea, que é uma manchinha no céu, tem bilhões de estrelas, e que estas, por sua vez, podem ter sistemas planetários como o nosso, com muitos planetas e satélites – esclareceu Pedrinho entusiasmado.

– Claro! eu aceito que foi Deus quem criou a tudo e governa a tudo – respondeu D. Lúcia, agora indecisa.

– Logo, por que não poderia Deus criar também os Espíritos? E por que só nesse particular vamos exigir provas da Autoria Divina? Vamos usar o raciocínio, mas sem preconceitos, pois, do contrário, o progresso do nosso estudo ficará prejudicado. Assim, porque há lógica na resposta dos Espíritos, vamos concordar, até prova em contrário, que os Espíritos foram criados por Deus, mas quando e como, são questões ainda inacessíveis à nossa compreensão. Está bem? – perguntou Augusto, voltando-se para a esposa.

– Está certo – concordou Dª Lúcia.

– Que são os Espíritos, papai, e onde eles ficam? – perguntou Carlinhos, curioso.

– Vamos ver, me parece que essas respostas estão por aqui mesmo. Ah! aqui estão. Dizem os Espíritos que eles são os seres inteligentes da criação, povoam o Universo fora do mundo material, formando o mundo dos

Espíritos ou das inteligências incorpóreas, e que estando por todas as partes, estão também ao nosso lado, agindo sobre nós e observando sem que disso nos demos conta. São, os Espíritos, uma das potências da Natureza e instrumentos de Deus para a realização dos seus desígnios providenciais. Contudo, nem todos os Espíritos vão para todas as partes, pois há regiões interditadas aos menos adiantados.

– Por que os Espíritos são incorpóreos? – perguntou Alice que acompanhava atenta a explicação.

– Naturalmente, porque eles não têm corpo igual ao nosso.

– Seriam, então, imateriais? – objetou D. Lúcia.

– Não. Aqui na questão n° 82, eles esclarecem que imaterial não é termo adequado, porque eles dispõem de uma matéria quintessenciada, sem analogia com a nossa, e tão etérea que não pode ser percebida pelos nossos sentidos.

– Por isso, então, que não vemos os Espíritos, papai? Por que eles não têm corpo igual ao nosso? – concluiu Alice.

– Isso mesmo, vimos que os nossos sentidos não podem perceber os Espíritos, porque eles se constituem de uma matéria mais sutil, diferente da nossa. Aliás, a grande maioria dos gases escapa à nossa visão e tato, e os que não têm cheiro escapam também ao nosso olfato. Não é nada de estranhar, portanto, que não possamos ver os Espíritos, já que eles se constituem de outra espécie de matéria.

– Está bem, papai – interferiu Pedrinho –, mas eles devem ter uma forma qualquer, como seria?

– Esclarecem os Espíritos, na questão n° 88, que, embora para nós não tenham uma forma determinada, limitada e constante, para eles sim, e que poderíamos, se quisermos, imaginá-los com um clarão, uma centelha etérea, com cor variando da sombra ao brilho do rubi, segundo seja o Espírito mais ou menos puro.

– Bem – ponderou D. Lúcia –, já li nos jornais que alguém viu o Espírito de alguém. Como sabe que era esse alguém, se os Espíritos são uma chama colorida?

– Boa pergunta, Lúcia. A matéria parece-me que se esclarece com as respostas dadas às questões n° 93 a 95, que vou sintetizar. Dizem os Espíritos que eles estão revestidos de uma substância que, embora seja vaporosa para nós, é ainda grosseira para eles e que, apesar disso, permite ao Espírito elevar-se na atmosfera e se transportar para onde queira. E, para exemplificar, dizem que, como o germe de um fruto é envolvido pelo perisperma, da mesma forma o Espírito, propriamente dito, está revestido de um envoltório que, por comparação, pode-se chamar de perispírito[(1)] Dizem, também, que o Espírito se reveste do fluido universal de cada globo, por onde transita, e que, por isso, passando de um mundo a outro, o Espírito troca de envoltório, como mudamos de roupa. A esse envoltório, que me parece ser o seu corpo espiritual, o Espírito pode dar a forma que deseja, e é assim que se nos apresentam, seja em sonho ou em vigília, podendo se tornar visível e mesmo tangível. Creio que, respondendo à sua pergunta mais objetivamente, podemos deduzir, diante do que ficou dito, que, ao se apresentar a alguém, o Espírito toma a forma pela qual era conhecido desse alguém.

– Muito interessante – ponderou D. Lúcia –, mas ficou dito que os Espíritos passam de um mundo a ou-

---

(1) Conforme se vê em **Evolução em dois Mundos**, André Luiz, 10ª edição, FEB, pág.25, depois do fenômeno da desencarnação, o perispírito, da definição Kardequiana, na verdade, se compõe do **corpo espiritual** e do **corpo mental**, sendo, o primeiro, o seu **corpo físico**, e, o segundo, o intermediário entre o **corpo espiritual** e o **Espírito**.

tro. Como fazem para se locomover para pontos tão distantes e quanto tempo demoram para cruzar o espaço?

– Vejo que suas perguntas encontram solução nas questões n° 89 e 90, onde está esclarecido que os Espíritos se transportam com a velocidade do pensamento, e esse é o tempo que eles gastam para passar de um lugar a outro e, conforme o seu estado de depuração, a distância pode ter, ou não, significação para eles. Basta pensar em estar em algum lugar e para lá, no mesmo instante, o Espírito se transporta, sendo que, nem por isso, devemos confundir o Espírito com o pensamento, já que este é um atributo daquele. Bem, isso não é inconcebível, porque hoje sabemos que um simples sinal de rádio se propaga na velocidade da luz, dando sete voltas e meia na Terra, em apenas um segundo.

– Papai, Deus criou os Espíritos iguais ou criou uns bons e outros maus, uns sábios e outros ignorantes, ou seja, diferentes como os homens da Terra? – perguntou Pedrinho, que acompanhava o assunto com interesse.

– Allan Kardec fez essas mesmas perguntas aos Espíritos, como se vê aqui nas questões 114 e 115, e eles responderam que Deus criou todos os Espíritos simples e ignorantes, ou seja, sem ciência, mas que eles se melhoram e, melhorando-se, passam de uma ordem a outra. E, para que se esclarecessem, Deus deu a cada um determinada missão para que, progressivamente, alcancem a perfeição, ou a felicidade eterna, que é a dos Espíritos puros. Os conhecimentos são adquiridos através de provas que Deus lhes impõe, e os que aceitam essas provas mais resignadamente, progridem mais depressa, enquanto os rebeldes vão marcando passo. Numa comparação imperfeita, seriam como as crianças que, ignorantes e sem experiências, adquirem pouco a pouco os conhecimentos que lhes faltam, percorrendo as diversas fases da vida. A comparação é imperfeita, porque a vida do homem tem um fim, e a dos Espíritos se estende ao infinito. Nem poderia ser de outra forma – continuou Augusto, agora tirando suas próprias conclusões –, porque se Deus criasse os Espíritos diferentes uns dos outros, haveria injustiça. Mas se os criou iguais, e eles progridem pelo próprio esforço, tudo se harmoniza. É justo que aquele que mais se esforça caminhe na frente, e o que negligencia, esteja na retaguarda.

– Então – arriscou Carlinhos – os Espíritos são bons e maus, sábios e ignorantes, igual aos homens?

– Exatamente. Nas questões de n° 96 a 99, os Espíritos esclareceram que existe entre eles uma espécie de hierarquia, ou diferentes ordens, segundo o grau de perfeição a que chegaram, sendo ilimitado o número dessas ordens ou classes, e sem que tenham, entre uma e outra, uma demarcação ou barreira, mas, pode-se, de modo sucinto, restringir essa hierarquia em três classes: a dos Espíritos puros, ou que alcançaram a perfeição; a segunda seria a dos Espíritos que estão no meio da escala, e que se caracterizam pelo seu desejo do bem, sendo a última, a dos Espíritos que estão no início da caminhada, e que se caracterizam pelo desejo do mal, pela ignorância e todas as más paixões. E esclarece que os da segunda ordem não só têm o desejo do bem, mas também o poder de praticar o bem, havendo, entre eles, os que possuem a sabedoria, outros a ciência, outros a bondade, conquanto todos ainda tenham provas a suportar. Quanto aos Espíritos da terceira ordem, nem todos são essencialmente maus, sendo que alguns não fazem bem nem mal; outros, ao contrário, se comprazem no mal e se alegram quando encontram oportunidade de fazê-lo, enquanto outros são apenas levianos ou estouvados, enganadores mais do que malvados. Vejo que a partir da questão n° 100, Allan Kardec sistematiza de certa forma essas três ordens, em outras sub-ordens, que analisa de modo lógico e interessante. Por agora, quando estamos iniciando nossos estudos, creio que essa informação nos basta. Aliás, se os Espíritos não são nada mais do que os homens, porém, sem o corpo físico, logicamente, eles correspondem, de certa forma, aos tipos de pessoas que temos aqui na Terra – arrematou Augusto, que estava se empolgando com os conhecimentos novos.

– Os Espíritos podem degenerar, ou seja, retroceder? – perguntou D. Lúcia que acompanhava o assunto com interesse.

– Disseram os Espíritos, e está aqui na questão n° 118, que eles não degeneram, pois, vencida uma etapa ou prova, eles não a esquecem mais. Contudo, podem permanecer estacionados.

– Papai – perguntou Pedrinho –, quer dizer que todos os Espíritos devem passar pelo caminho do mal, no início?

– Os Espíritos disseram, como se vê nas questões 120 e 121, que, no início, eles não estavam em estado de maldade, mas de ignorância e simplicidade, aptos tanto para o bem como para o mal, dependendo de seu livre arbítrio, ou seja, da própria vontade, seguir o caminho do bem ou do mal. Em seguida, esclarecem que o livre arbítrio se desenvolve à medida que o Espírito adquire consciência de si mesmo, ganhando mais força para não ceder às influências externas que são feitas por outros Espíritos imperfeitos, que tentam dominá-lo ou fazê-lo sucumbir, mas que está neles ceder ou resistir. De outra parte, há Espíritos que, desde o início, seguem o caminho do bem absoluto, como os há aqueles que seguem o do mal absoluto, sendo, no entanto, a grande maioria a de Espíritos que ora fracassam, ora caminham, mas que todos, ao final, alcançarão a perfeição, uns antes que os outros.

– Nessa escala, onde se encaixam os anjos, arcanjos e serafins de que ouvimos falar? Haveria uma ordem à parte? - perguntou D. Lúcia ao já entusiasmado mediador.

– Esclarecem os Espíritos, nas questões 128 e 130, que esses são os da primeira ordem, os que depois de percorrerem todos os degraus, chegaram, mais depressa, à condição de Espíritos puros.

– E os demônios, papai, existem mesmo? – arriscou Carlinhos.

– Segundo o que disseram os Espíritos, na questão n° 131, não há demônios como vulgarmente se entende, ou seja, seres criados e devotados eternamente para o mal, pois, não se harmoniza com a idéia de Deus tal entendimento. E esclarecem que não passam de demônios esses homens que habitam nosso mundo inferior e outros semelhantes, hipócritas que são, e que fazem de um Deus justo, um Deus mau e vingativo e crê em lhe agradar com as abominações que cometem em seu nome – explicou Augusto, interpretando os ensinamentos nas respostas dos Espíritos, dadas a Allan Kardec, quando este colhia material para O Livro dos Espíritos.

– Bem – continuou – aprendemos bastante por hoje, e nosso tempo se esgotou. Na próxima semana, continuaremos nossos estudos.

E, depois de uma singela prece de agradecimento, a reunião foi encerrada, com nossos amigos exultantes, e com a cabeça ainda cheia de indagações a respeito de temas tão palpitantes.

II – VIDA ESPÍRITA

A primeira reunião semanal do Evangelho no Lar, havia entusiasmado Augusto, em virtude do interesse demonstrado pelos seus familiares, que debateram as matérias com viva atenção.

Por isso, nos dias que se seguiram, Augusto se lançou ao estudo de **O Livro dos Espíritos,** procurando assenhorar-se dos ensinamentos que complementavam o tema suscitado com a leitura de **O Evangelho Segundo o Espiritismo**.

E seu entusiasmo mais crescia, porque os filhos estavam sempre perguntando pela próxima reunião e relembrando, com novas interrogações, o tema tratado.

– Realmente, o assunto é palpitante – pensava Augusto, eufórico, a cada novo capítulo que estudava para poder esclarecer os familiares com mais segurança.

A expectativa da família, inegavelmente, era muito grande. Finalmente, chegou o dia aprazado da segunda reunião semanal. Tão logo D. Lúcia acomodou o seu serviço, depois do jantar, e se dirigiu à sala, lá encontrou os demais partícipes à sua espera.

– Pronto, Augusto, podemos começar a nossa reunião de estudos – disse ela, sentando-se ao lado do marido, que proferiu singela prece de abertura.

– Muito bem. Estive estudando durante esta semana e me dei conta de que o tema que iniciamos, relativo à problemática do Espírito antes da reencarnação, é sumamente interessante e fundamental para a continuidade de nossos estudos. Penso que se não tivermos uma noção do que sejam os Espíritos, de onde vivem e do que fazem, não poderemos caminhar, sem muitas dificuldades, no nosso conhecimento. Assim, proponho que continuemos a examinar esses aspectos em complementação ao que já aprendemos. Que acha você, Lúcia? – perguntou, voltando-se para a esposa.

– Estou de acordo. Confesso que foi muito pouco o que estudamos para convencer-me a respeito dessas questões que envolvem a afirmação de que o Espírito, antes de ser concebido o corpo, já existia como uma individualidade em marcha evolutiva – considerou D. Lúcia, serenamente.

– Muito bem. Creio que, sendo assim, a primeira pergunta deve caber a você que, naturalmente, está com algumas dúvidas – disse Augusto à esposa, com ar professoral.

– Se o Espírito pode viver em dois estados, ou seja, se pode estar ora encarnado, ora desencarnado, a primeira questão que coloco é a de saber qual dos dois estados é o seu estado natural ou fundamental.

– O habitat natural do Espírito é o mundo espiritual, fora do estado de encarnação.

– Quer dizer, então, que Deus cria o Espírito, este se encarna, vive uma vida e depois volta definitivamente para o mundo espiritual? – perguntou Pedrinho, curioso.

– Não. Não é bem assim. Você se lembra que aprendemos que evoluem os Espíritos através de provas a que Deus os submete. Essas provas são as encarnações. O Espírito se encarna muitas vezes, até atingir o estado de pureza ou de perfeição.

– E entre uma encarnação e outra, como ficam os Espíritos? – perguntou D. Lúcia tentando resolver suas dúvidas.

– Entre uma encarnação e outra, ficam num estado que os Espíritos definiram a Kardec como sendo **errante**.

– Errante? coisa mais esquisita. Se o seu estado natural é fora do corpo físico, ou seja, no mundo espiritual, como poderá, em seu habitat, ser designado como **erran-**

te? Essa palavra pressupõe alguém sem rumo ou fora do seu lugar natural – observou D. Lúcia, com agudeza.

– Creio que é uma questão de palavra, cujo sentido não corresponde com exatidão ao significado no idioma original. Quando li a respeito, consultei o dicionário da língua francesa e verifiquei que a palavra **errant** quer dizer **nômade**, que no nosso idioma define tribos que não têm habitação fixa. Esclarecendo a respeito, disseram os Espíritos que são **errantes** aqueles que ainda estão sujeitos à reencarnação, ou melhor, que ainda não atingiram o estado de perfeição, que é o estado definitivo. Logo, vê-se que há uma correspondência na palavra errante com o estado transitório do Espírito que ainda deve passar de um plano de vida a outro, sem poder fixar-se definitivamente em qualquer deles.

– Nesse sentido me parece razoável, embora continue entendendo que, para nós, a palavra **errante** não causa boa impressão, preferindo que se usasse **nômade** como no idioma original. Mas isso é questão de somenos. Começo a me confundir, na verdade, quando penso para onde vão todos esses Espíritos errantes. Você já leu a respeito? – perguntou Dª Lúcia, respeitosa.

– Dizem os Espíritos que, no estado errante, eles vão para outros mundos, ainda geologicamente em formação, numa etapa pela qual a Terra já passou, mundos esses cujo solo é estéril, onde vivem em espécies de **acampamentos**, repousando no intervalo das encarnações. Em seguida estudam seu passado e procuram os meios para se elevarem, instruindo-se, a fim de alcançarem melhor posição.

– Papai! eu me lembro que a semana passada o senhor disse que os Espíritos estão por toda parte, inclusive ao nosso lado. Não há uma contradição com o que acabou de dizer? - perguntou Carlinhos, atento.

– Muito bem, Carlinhos! estou vendo que você está interessado e que aproveitou bastante o nosso estudo.

Esclareceram os Espíritos que, apesar disso, existem aqueles que, quando deixam o corpo, não estão completamente libertos da matéria e pertencem ainda ao mundo em que viveram, ou a um mundo do mesmo grau. Podemos deduzir daí que a condição para passar para um outro mundo superior, é que o Espírito tenha se libertado de todos os laços com o mundo em que viveu.

– Quer dizer, papai, que os Espíritos errantes estão todos em graus de inferioridade?

– Não, meu filho, há Espíritos errantes de todos os graus, abaixo da perfeição. A encarnação é um estado transitório, e, no seu estado normal, eles podem estar libertos da matéria; existem ainda Espíritos purificados, que se encarnam com a missão de ajudar o progresso do mundo em que se localizam.

– Sem querer interromper, e antes que me esqueça, outra palavra que não me satisfez é essa de acampamentos, ou espécie de **acampamentos**. Que vem a ser isso? Teria o mesmo sentido do que entendemos por acampamento? – atalhou D. Lúcia.

– Sinceramente, não me lembro de ter lido uma explicação maior á respeito, com detalhes acerca do que sejam os **acampamentos**. Esse assunto devemos deixar em suspenso, até que possamos pesquisar a respeito. Afinal, dispomos de apenas dois livros iniciais, que já têm mais de 120 anos. No entanto, se imaginarmos os Espíritos como nômades, sem habitação fixa, a idéia de acampamento corresponde, embora, realmente, não esclareça muito.

– O Espírito tem um tempo determinado para ficar nesse estado, e nesses acampamentos, até a próxima encarnação? – perguntou Pedrinho, curioso.

– Às vezes, a encarnação é quase imediata, mas pode também o estado errante durar muitos séculos. Tudo depende do próprio Espírito, do seu interesse em progredir, da oportunidade e, naturalmente, do seu merecimento.

– Isso conduz ao raciocínio de que o Espírito, quando desencarna, ainda conserva os seus defeitos, as suas paixões e o seu estado de ignorância ou conhecimento. Está certo? – arriscou D. Lúcia.

– Correto. A morte é apenas uma transição pela qual o Espírito muda o seu estado, conservando, contudo, a sua individualidade com todos os defeitos que lhe são inerentes, com algumas alterações apenas quanto à questão da densidade da matéria.

– Essas alterações envolvem os seus sentidos, a sua percepção, e as suas sensações?

– Claro. Se muda a densidade da matéria e se, no corpo físico, as sensações e as percepções estão condicionadas a órgãos especializados, condizentes com nosso plano, que as canalizam, no estado de Espíritos, logicamente, devem ocorrer algumas alterações. Essas alterações são para mais, para uma ampliação das faculdades que já tinham e de outras que a matéria física impedia. Vêem mais distinta e profundamente as coisas e sem necessidade de luz, ouvem sons que não ouviam, e se viajam com a velocidade do pensamento podem, quase no mesmo instante, estar em pontos diversos, apreciando outras paisagens, não se contando o transcorrer do tempo, como nós contamos.

– Se há uma ampliação das faculdades, a inteligência do Espírito também não se ampliaria para conhecer melhor as coisas, como sejam o passado, o presente, o futuro, a idéia de Deus e o princípio das coisas? – perguntou D. Lúcia, desejosa de esclarecer-se.

– Embora com a morte continuemos a ser nós mesmos como individualidade, a libertação dos laços físicos amplia a possibilidade do conhecimento das coisas. Quando encarnado, o Espírito está limitado na sua manifestação, porque os meios de que dispõem, no corpo, são pobres. Quando desencarnado, não há essa limitação. Nisso, reside fundamentalmente a diferença. No mais, tudo depende da elevação do Espírito. Alguns sabem e sentem menos do que certos homens encarnados, devido ao seu estado de inferioridade e ignorância. Um Espírito purificado, por exemplo, que esteja encarnado na Terra em missão, ao deixar o corpo, entra no gozo das suas sublimes faculdades, e, neste caso, se pode dizer que terá condições de conhecer o passado, avaliar o presente e pressentir o futuro, conhecendo muito sobre o princípio das coisas e a Divindade. Mas, de um modo geral, os Espíritos vêem mais claramente as coisas e têm delas uma idéia mais ampla e mais justa.

– Você não sabe explicar melhor essa mudança nas sensações dos Espíritos? – insistiu D. Lúcia.

– Durante a vida, o corpo recebe as impressões exteriores e as transmite ao Espírito, por intermédio do perispírito, que constitui, provavelmente, o que se chama de fluido nervoso. Morto o corpo, ele não sente mais nada, uma vez que já não está ligado ao perispírito e ao espírito. Quando o perispírito se desprende do corpo, experimenta uma sensação generalizada, ou seja, por todo o seu ser, uma vez que não lhe chega mais por canais limitados que eram os órgãos do corpo físico. Sabemos, assim, que, nos Espíritos, existem percepção, sensação, audição, visão e que essas faculdades são atributos de todo o ser, e não de uma parte dele, como no homem; o que não sabemos é como isso se opera, por qual intermediário. Os próprios Espíritos não podem nos esclarecer a respeito, visto que nossa linguagem não está em condições de exprimir as idéias que não temos, da mesma forma que a língua dos selvagens não tem palavras adequadas para exprimir nossas artes, ciências e doutrinas filosóficas. Essa foi a conclusão que Allan Kardec tirou da matéria – elucidou Augusto.

– Porém, eu precisaria entender melhor o papel do perispírito, nesse caso – considerou D. Lúcia.

– Como já vimos, o perispírito é o laço que une o Espírito à matéria e contém, ao mesmo tempo, eletricidade, fluido magnético e, até certo ponto, a matéria inerte. Pode-se dizer que ele equivale à vida orgânica mais purificada, porém, nada tendo a ver com a vida intelectual, que está no Espírito, e do qual é o agente das sensações externas. No corpo, essas sensações estão localizadas pelos órgãos que lhes servem de canais, mas, destruído o corpo, ficam generalizadas. É o que posso esclarecer no momento, tendo em vista as observações de Kardec, todavia, creio que chegará um momento em que iremos estudar o perispírito mais detalhadamente e, então, compreenderemos melhor – arrematou Augusto.

– Papai – perguntou Pedrinho, – os Espíritos estão sujeitos a uma hierarquia? Existe entre eles subordinação?

– Sim, meu filho, os Espíritos têm uns sobre os outros uma autoridade relacionada com a sua superioridade, e a exercem por uma ascendência moral **irresistível**, e que, por ser irresistível, a ela não se podem subtrair os Espíritos que lhe são inferiores.

– E isso tem alguma coisa a ver com o poder que o Espírito, como homem, tinha na Terra? – indagou Carlinhos que acompanhava atento ao debate.

– Se você se refere ao poder temporal e ao prestígio decorrente dele, esses acabam no túmulo, depois do qual só prevalecem os dotes morais. O mais humilde servidor pode ressurgir, na vida espiritual, com mais glória do que um homem que deteve muitos poderes e prestígio em razão das convenções humanas. O que conta, pois, é a superioridade moral e real, inerente ao Espírito, como patrimônio de evolução – esclareceu Augusto.

– Os Espíritos puros, os bons e os inferiores, estão todos misturados? – insistiu Carlinhos.

– Sim e não. A nossa vida social, na Terra, é uma cópia imperfeita da vida espiritual. Aqui convivem pessoas de todas as condições, que se reúnem por simpatia ou para o exercício de tarefas comuns. Os Espíritos também formam grupos ou famílias unidas pela simpatia ou pelos objetivos a que se propõem. Os bons pelo desejo de fazerem o bem, e os maus pelo desejo de realizarem o mal. Mas os bons podem ir por toda parte, sendo interditadas aos maus as regiões onde vivem os demais Espíritos. Podendo ir para onde querem, os Espíritos superiores podem procurar os inferiores para ajudá-los a progredirem e, geralmente, essa é a sua missão.

– E como se comunicam os Espíritos entre si? Eles têm necessidade da palavra? – perguntou Alice, intervindo.

– A palavra oral é forma de comunicação entre os homens, mas os Espíritos que estão em grau muito inferior, ainda necessitam articulá-la. Os Espíritos mais evoluídos se comunicam pelo pensamento e a longas distâncias, até mesmo entre mundos diferentes, de acordo com a sua evolução. Por isso mesmo, o Espírito em condição inferior, nada pode ocultar ao que lhe está acima, porque este lê o seu pensamento e conhece suas intenções, embora não as manifeste pela palavra – explicou Augusto, carinhosamente.

– Nós já vimos que os Espíritos se conhecem uns aos outros pela forma do perispírito; mas eles se vêem uns aos outros? – indagou Dª Lúcia.

– Ainda aqui prevalece a mesma regra. O Espírito, em condição inferior, normalmente, não pode ver o superior, mas, se este quiser, pode tornar-se visível a ele.

– E isso se dá também com aqueles que foram nossos parentes ou amigos, aos quais tínhamos grande afeição?

– A situação é a mesma, naturalmente facilitada pelo desejo de convivência afetiva.

– E as famílias, quando as pessoas desen-carnam, se reúnem automaticamente? – indagou Pedrinho, que acompanhava os esclarecimentos um tanto apreensivo.

— Geralmente, em uma família, existem Espíritos de diferentes graus de evolução, e as mesmas regras ainda se impõem. Os que estão em situação inferior, não têm acesso às regiões onde moram os outros, mas isso não impede que os superiores desçam até seus entes queridos, a fim de desfrutar-lhes, por momentos, a convivência, até que todo o grupo se iguale em elevação e possa se reunir definitivamente. Daí a importância de que estudemos juntos, para vivermos com inteligência e unirmos nossos ideais, reforçando nossos laços afetivos, para que perdurem iguais no outro lado da Vida.

– E os laços de ódio, também perduram depois da morte do corpo? – perguntou Carlinhos, interessado.

– Posso responder, papai? – atalhou Pedrinho, exultante.

– Claro, meu filho.

– Se nós já sabemos que a desencarnação não nos modifica no que realmente somos, os laços de ódio também devem permanecer. Mas entendo que, se nós podemos perceber e sentir melhor as coisas, sendo o ódio uma coisa desagradável, vamos nos esforçar para esclarecer as nossas relações e corrigir as situações criadas pela nossa ignorância.

– Parabéns, meu filho – disse Augusto, emocionado. Vejo que você está assimilando muito bem esses conhecimentos maravilhosos, que podem orientar nossas vidas. Além disso, você acaba de sugerir um novo método para nossos estudos.

– Quando alguém entender que pode responder a uma pergunta, que o faça. Acho até que, nas horas de folga, todos poderiam ir lendo estes livros, como eu fiz, para que tenham conhecimentos mais amplos, e nossa reunião resulte em um debate real. Assim, também, poderia sair desta situação de a tudo responder como se fosse um professor. Aliás, já vou fazer uma pergunta para verificar se vocês compreenderam o que estudamos até agora. Como vocês acham que é recebido o Espírito no mundo espiritual?

– Eu sei, eu sei! – gritou Carlinhos, passando logo a responder – Os nossos familiares e amigos vão nos esperar com muita alegria, como vamos esperar o papai quando viaja. Os que antipatizam conosco são indiferentes, ou podem até nos ver com alegria, se a nova situação lhes esclareceu as queixas que tinham contra a gente; e os que nos odeiam, se persiste seu ódio, podem até nos perseguir, se puderem. Eu acho que é tudo quase igual ao que acontece aqui.

– Essa continuidade de ligação, com tendência para o melhor, sugere-me uma pergunta – disse D. Lúcia Deus criaria dois Espíritos para viverem sempre juntos, como se um fosse a metade do outro, como vulgarmente se diz?

– Não – interviu Augusto. – Cada Espírito deve ter a sua individualidade, e a idéia das chamadas metades eternas se opõe a esse princípio. De outra parte, quando no estágio de inferioridade, os Espíritos não têm muita constância afetiva e mudam, amiúde, de parceiro. O que existem são Espíritos, já evolucionados, que se unem pela afinidade de ideais, e essa união pode ser constante, embora não venha a ser eterna.

– Para que possa haver essa constância de ligação, de uma existência a outra, creio que o Espírito deveria lembrar-se de suas existências anteriores, sem o que não poderá haver um elo que os una. E o Espírito se lembra de todas as suas existências corporais?

– De um modo geral, depois e à medida que o Espírito sai da perturbação que se segue à morte do corpo, ele se lembra da sua última existência corporal, dos acontecimentos de sua vida e das pessoas com as quais se relacionou. Os atos mais importantes lhe são como presentes. Quanto à memória das existências anteriores, essa faculdade é própria dos Espíritos já evoluídos e é mais ampla e mais clara, de acordo com o seu grau de evolução. No que se refere às primeiras existências, que se podem considerar as da infância do Espírito, estas se perdem no vago, e desaparecem na noite do esquecimento.

– Papai, se os Espíritos não se lembram das suas existências anteriores, cada vez que encarnam, têm que aprender tudo de novo? – perguntou Pedrinho que acompanhava atento a matéria.

– Não é bem assim, Pedrinho. Tudo que aprendemos, nunca mais se perde, passa a integrar nosso Espírito, ficando arquivado na nossa memória espiritual para sempre. Admitir o contrário, seria aceitar que o Espírito regride, o que, como vimos, é impossível. Embora não se lembre de suas vidas anteriores, elas emergem através de suas idéias e aptidões inatas. Você já não viu nos jornais, ou ouviu comentários de crianças, chamadas prodígios, que regem orquestras de professores ou fazem cálculos avançadíssimos? Isso é efeito de suas experiências passadas. Sem a nota do exagero, todos nós somos impulsionados pela nossa memória espiritual, e no estado de Espírito ocorre o mesmo. Embora o Espírito, ainda em estágio inferior, apenas se lembre com clareza da sua última existência, tem vaga lembrança das anteriores, que influem na sua adaptação e na sua consciência, guiando-o no aprendizado e nas suas decisões.

– Já que estamos falando em lembranças, será que, no dia de Finados, todos os Espíritos cujos corpos foram enterrados no cemitério, lá comparecem? – inquiriu D. Lúcia, curiosa.

– Nem todos. Aqueles cujos familiares e amigos visitam seu túmulo para orarem e deles se lembrarem com saudade, são atraídos por esse ato de devoção e comparecem, a fim de permutarem pensamentos e afetividade. O corpo usado, que fica no cemitério, tem pouca significação para os Espíritos. Na verdade, não precisa que chegue Finados e nem irmos ao cemitério para orarmos aos que nos são caros, a fim de desfrutar a sua companhia; podemos fazer isso sempre e em qualquer lugar. O que liga os Espíritos, uns aos outros, não são datas ou lugares especiais, mas a afeição sincera.

– Mas – continuou Augusto depois de uma pequena pausa –, creio que já esgotamos o nosso tempo de hoje. Vamos agradecer a Deus, a Jesus e aos Bons Espíritos pela assistência que tivemos, rogando nos ajudem a mantermos a paz dentro de nosso lar e dos nossos corações.

E assim foi feito, encerrando-se a reunião de estudos.

III – Intervenção dos Espíritos no Mundo Corporal. – Ocupações e Missões dos Espíritos.

O interesse da família de Augusto nos estudos das reuniões semanais crescia a olhos vistos, e ele se esforçava no estudo de **O Livro dos Espíritos**, a fim de que pudesse, mais depressa, ter condições de conduzir os debates com proveito.

Conversava com Otávio, seu colega no Banco, que o entusiasmava e esclarecia acerca de suas dúvidas. Mas Otávio já havia se aprofundado muito no conhecimento da Doutrina Espírita, e ele tinha dificuldades em assimilar todos os esclarecimentos, embora ouvisse o amigo, extasiado, pelas suas explanações. Como gostaria que seus familiares desfrutassem dos conhecimentos vastos que o amigo detinha! No dia da reunião semanal, convidou-o para lá comparecer a fim de que as dúvidas do grupo familiar pudessem ser esclarecidas. Mas, naquele dia, o amigo já tinha um compromisso para a noite. Entretanto, ficou feliz com o convite e se comprometeu a comparecer na semana seguinte.

À noite, à hora do costume, a família se reuniu em torno da mesa de jantar.

Depois de uma prece inicial, feita por D. Lúcia, rogando a assistência dos bons Espíritos, Pedrinho, convidado pelo pai, abriu **O Evangelho Segundo o Espiritismo** aparentemente ao acaso, na página 132, na lição "Reconciliar-se com os adversários", e, encarregado da leitura, leu todo o capítulo.

A lição da noite enfatizava a necessidade do perdão como preservativo capaz de imunizar as pessoas dos longos e dolorosos processos de ódio, e mostrava que os inimigos desencarnados têm mais facilidade de promover processos de vingança, através de obsessões, muitas das quais tão graves, que podem chegar à subjugação ou possessão do homem pelo Espírito opressor.

Todos ouviam calados e pensativos, surpreendidos com aquelas revelações, que punham a descoberto um tipo de sofrimento do qual não suspeitavam.

Terminada a leitura, e oferecida a palavra a quem quisesse comentar o assunto, ou fazer perguntas, foi D. Lúcia quem falou aflita:

– Meu Deus! nunca pensei que *os* Espíritos pudessem interferir assim nas nossas vidas! Eles vêem tudo o que fazemos, podem ler os nossos pensamentos, e impor-nos os seus?

– Vejo que este é um assunto muito sério – considerou Augusto – e nós, realmente, necessitamos nos conscientizar a respeito da intervenção dos Espíritos no mundo corporal, a fim de que assimilemos a ação dos Bons Espíritos sobre nós, para nos conduzir ao Bem, e repudiemos a influência dos maus Espíritos, que querem nos induzir ao mal. Já estudamos que os Espíritos estão por toda parte, e ao nosso redor; assim, devemos concluir que eles testemunham todos os nossos atos, por mais ocultos pretendamos que eles sejam. Quanto à penetração em nossos pensamentos, isso depende de seu grau de evolução, mas Otávio me esclareceu que, quando há um processo de culpa, aquele a quem ofendemos pode ligar-se poderosamente a nós, e também impor-nos seus pensamentos, chegando a dirigir-nos. Mas, de um modo geral, os Espíritos podem sugerir-nos seus pensamentos, bons ou maus, que se misturam com os nossos. Daí porque, às vezes, temos pensamentos contrários uns aos outros.

– E como poderemos distingui-los dos nossos, e sabermos quais são bons e quais são maus? – indagou Pedrinho interessado.

– Os pensamentos próprios, em geral, são aqueles dos primeiros momentos. Quando um pensamento é sugerido, ocorre como se fora uma voz que nos fala. Mas essa distinção não é importante; o importante será sempre a nossa decisão ao escolher o caminho a tomar, pela qual seremos sempre responsáveis. Quanto à distinção da qualidade dos pensamentos sugeridos, se são bons ou maus, basta que se lhes analise o conteúdo; naturalmente, os que nos inclinam para o bem são bons, e os que nos impulsionam para o mal, são maus.

– Por que os Espíritos nos sugerem pensamentos maus? – perguntou Carlinhos, algo aflito.

– Muitos deles o fazem por inveja, para nos fazer sofrer igual a eles. Outros o fazem para vingarem-se de algum mal que lhes tenhamos feito.

– E como Deus permite isso? – objetou Pedrinho.

– Na verdade, os Espíritos só nos induzem ao mal, quando temos desejo de praticá-lo; eles vêm em nosso socorro para a prática do mal que desejamos. Se alguém planeja cometer um homicídio, por exemplo, encontrará uma multidão de Espíritos interessados em manter esse pensamento e aumentá-lo. Mas, essa pessoa encontrará também outros Espíritos que se empenharão no sentido de influenciar no bem, equilibrando as influências e deixando-lhe o comando ou decisão. Trata-se, pois, do exercício do livre arbítrio, que Deus nos concede, para que possamos progredir.

– E não haverá um meio de se evitar essa influência maléfica sobre nossos pensamentos? – considerou D.Lúcia, impressionada.

– Se os maus Espíritos se ligam somente àqueles que os solicitam em razão de seus desejos inferiores, o meio de evita-los é não desejar o mal, fazer o bem e confiar na proteção de Deus. E se nos sugerem pensamentos ruins, em um momento de nossa indecisão, basta repeli-los com firmeza, dando ouvidos aos pensamentos bons que nos são sugeridos em reforço à nossa disposição de acertar. Os maus Espíritos, não têm a missão de fazer o mal, porque Espírito algum recebe missão dessa natureza, mas, mesmo a sua atuação, pode nos resultar proveitosa, se os repelimos, pois *eles* nos põem em prova e, se vencemos, robustecem nossa vontade e nossa fé.

– Quer dizer que eles só atuam se criamos as condições que lhes são necessárias?

– Geralmente é assim; porém, eles também podem provocar situações difíceis que nos ponham em prova, ou nos conduzindo inconscientemente a determinado desfecho, ou movimentando outras pessoas que nos cercam. No caso, os Espíritos deram a Allan Kardec um exemplo prático: um homem encontra em seu caminho uma soma de dinheiro; não foram os Espíritos que colocaram o dinheiro nesse lugar, mas podem dar ao homem o pensamento de passar por esse lugar e, então, lhe sugerem o pensamento de apoderar-se dele, enquanto outros Espíritos lhe sugerem o pensamento de entregar o dinheiro ao seu legítimo possuidor. Esse é o mecanismo das tentações.

– Deduzo que a inspiração dos homens de gênio resulta da ação dos Bons Espíritos, que lhe sugerem caminhos dos quais não cogitavam. Seria isso?

– Exato. Muitas vezes o homem de gênio não consegue ultrapassar, por si mesmo, determinado obstáculo, e os Espíritos bons, que o assistem, sugerem a solução; às vezes, aproveitando seu gênio e seu merecimento para transmitir o benefício, sugerem-lhe coisas inteiramente novas e úteis à Humanidade.

– Na leitura do texto evangélico, havia referência à possessão e à subjugação; que vem a ser isso, papai? – inquiriu Pedrinho, atento.

– Para que ocorresse a possessão, a rigor, seria necessário que o Espírito interveniente pudesse revestir o mesmo envoltório da pessoa viva, ou seja, entrasse no corpo da pessoa encarnada para comandá-lo, expulsando o espírito daquela. Não se entra num corpo, como quem entra numa casa. O Espírito encarnado age como ele quer sobre a matéria, da qual está revestido. Um Espírito não pode se substituir àquele que está encarnado, porque o Espírito e o corpo estão ligados até o tempo marcado para o término da existência material. O que pode ocorrer é uma afinidade entre a pessoa encarnada e o Espírito atuante que tem os mesmos defeitos e qualidades para agir conjuntamente, e, neste caso, há uma **subjugação** ou **obsessão**, que submete o encarnado, que, entretanto, participa do processo, cedendo em sua própria vontade. Estabelecidas essas premissas, pode-se concluir que não ocorre, na verdade, possessão, no sentido que se dá ao termo, mas **subjugação** da vontade da pessoa encarnada que, não obstante, é quem age sobre o corpo.

– E a pessoa subjugada, não tem meios para se livrar da dominação do Espírito atuante? – perguntou D. Lúcia, aflita.

– Em primeiro lugar, é necessário querer livrar-se da subjugação e persistir nisso com vontade firme, procurando fazer o bem para que os Espíritos bons também o ajudem a neutralizar a ação nefasta. Mas, há os que se alegram com a subjugação que agrada seus gostos e seus prazeres e, nesse caso, terceiras pessoas não podem ajudá-lo, porque falta o seu consentimento.

– Os Espíritos se afeiçoam por certas pessoas com preferência?

– Sim, Carlinhos, como nós também nos afeiçoamos. Os bons Espíritos simpatizam com os homens de bem ou com aqueles que procuram se melhorar. Os Espíritos inferiores simpatizam com os homens viciosos ou suscetíveis de sê-lo. Entendamos que a afeição dos Espíritos, geralmente, provém das qualidades morais, mas, às vezes, se mistura com lembranças das paixões humanas. Os bons Espíritos fazem todo o bem possível e ficam felizes com as nossas alegrias, mas, preocupam-se com os nossos males, quando não os suportamos com resignação, perdendo a oportunidade em aproveitá-los para o nosso adiantamento moral.

– Nossos parentes e amigos, que já desencarnaram, têm por nós mais simpatia que os Espíritos que nos são estranhos?

– Sem dúvida, e, freqüentemente, nos protegem na medida do possível.

– Então são eles os nossos Espíritos protetores?

– Não. O Espírito protetor é aquele que tem a missão de nos proteger e se obrigou a isso, seguindo-nos desde o nosso nascimento e retorno ao mundo espiritual e, às vezes, em encarnações sucessivas. É sempre um bom Espírito e sua missão é igual á de um pai em relação aos seus filhos, ou seja, guiar o seu protegido no bom caminho, ajudá-lo com seus conselhos, consolar suas aflições, sustentar sua coragem nas provas da vida. Geralmente, é um Espírito que já conhecíamos antes de encarnar, com o qual temos ligações afetivas de existências anteriores.

– E o Espírito protetor nunca deixa seu protegido?

– Bem, ele está obrigado a proteger porque aceitou a tarefa. Mas quando damos mais campo de atuação aos Espíritos inferiores, desprezando a sua ação, ele pode se afastar, temporariamente, até que o chamemos, reagindo contra as influências maléficas que, às vezes, são muito fortes, porque os Espíritos inferiores se unem para neutralizar a ação dos bons, mas sempre quem decide ouvir a um ou outro, somos nós mesmos.

– Quer dizer que o Espírito protetor não consegue lutar com os Espíritos inferiores para defender seu protegido?

– Não, não é assim. O Espírito protetor é sempre um Espírito elevado, a cuja influência os inferiores não podem resistir. Ocorre que ele deve respeitar o livre arbítrio do protegido, e se este se decide pelo caminho mau, apesar de seu esforço, é lógico que não terá nada a fazer até que seu protegido decida-se pelo caminho do bem, no que terá todo o seu apoio. Quem deve lutar com os Espíritos inferiores, afinal, somos nós mesmos, com o apoio do nosso protetor. Entendeu?

– Entendi, papai, e acho muito certo isso, porque se nos livrasse de tudo sem nosso esforço, ficaríamos acomodados, isentos de responsabilidades. Imagino, contudo, como devem ficar tristes, os Espíritos protetores, quando desprezamos os seus conselhos e ajuda. Não é, papai?

– Exatamente. Assim como os pais se alegram com filhos obedientes que lhes seguem a orientação da experiência, e se entristecem quando eles seguem caminhos perigosos da ilusão do mesmo modo os Espíritos que nos ajudam, se alegram ou sofrem se atendemos ou não à sua orientação.

– Os Espíritos têm nomes? – perguntou Alice, curiosa.

– Claro, minha filha. E geralmente usam o nome de sua última encarnação, pelo qual são conhecidos pelos seus contemporâneos.

– Como se chamará meu Espírito protetor?

– Isso não é importante, minha filha. O que é preciso é nos conscientizarmos de que existe um Espírito que tem a missão de nos proteger, e que existem outros que nos amam ou que simpatizam conosco e que procuram nos ajudar. Quando tenhamos necessidade, invoquemos o nosso Espírito protetor e os Espíritos Amigos, e estejamos certos de que virão ao nosso encontro, atendendo ao nosso chamado – explicou Augusto, carinhosamente.

– Papai, fale mais alguma coisa que o senhor já aprendeu sobre o Espírito protetor e os Espíritos amigos – foi logo intervindo Pedrinho.

– Está bem. Cada homem tem um Espírito que vela sobre ele. O Espírito protetor, anjo guardião, ou bom gênio, é aquele que tem por missão seguir o homem na vida e ajudá-lo a progredir. Ele é sempre de uma natureza superior, relativamente à do protegido. Não apenas os homens, mas também as comunidades e nações têm seus Espíritos protetores, que lhes supervisionam os destinos. Assim também as artes. As Musas dos Antigos não eram mais do que Espíritos protetores das ciências e das artes. Os Espíritos familiares se ligam a certas pessoas por laços mais ou menos duráveis, tendo em vista ser-lhes úteis, no limite de seu poder, freqüentemente bastante limitado. São bons, mas, algumas vezes, pouco avançados e mesmo um pouco levianos. Ocupam-se, de bom grado, dos detalhes da vida íntima e não agem senão por ordem ou com a permissão dos Espíritos protetores. Os Espíritos simpáticos são os que se sentem atraídos para nós por afeições particulares e uma certa semelhança de gostos e de sentimentos, no bem como no mal. A duração de suas relações é quase sempre subordinada às circunstâncias. O mau gênio é um Espírito perverso ou imperfeito que se liga ao homem para desviá-lo do bem e age por sua própria iniciativa, e não em virtude de uma missão. Sua força está em razão do acesso mais ou menos fácil que encontra. O homem, no entanto, está sempre livre para escutar sua voz ou repeli-la.

– O pressentimento é sempre uma advertência do Espírito protetor? perguntou D Lúcia que acompanhava as explicações de Augusto.

– Geralmente é o conselho íntimo que nos transmite. Mas, às vezes, é lembrança dos compromissos que assumimos antes de encarnarmos e que nos afloram à memória. Releva notar, também, que quando não conseguimos ouvir nosso Protetor, ele movimenta pessoas que nos rodeiam e que passam a nos aconselhar, não só nas questões morais, mas em todos os assuntos de nossa vida.

– Já sabemos, então, que os Espíritos influem sobre os nossos pensamentos. Influiriam, também, sobre os acontecimentos de nossa vida, fora do nosso campo mental?

– Claro que sim.

– Não imagino como poderia ser isso. Teriam que influir sobre a matéria, para que determinadas coisas aconteçam. Um homem, por exemplo, chegou na sua hora, sobe uma escada, esta se quebra e, na queda, o homem morre. São os Espíritos que fazem a escada quebrar para que se cumpra o destino do homem?

– Os Espíritos, sem dúvida, podem agir sobre a matéria, mas, jamais poderiam fazê-lo fora das leis da Natureza, dando surgimento a um acontecimento inesperado e fora delas. No exemplo que você deu, a escada poderia estar apodrecida e os Espíritos poderiam sugerir ao homem para que nela subisse e, assim, se cumprisse o seu destino. A escada se romperia em razão do seu estado e do peso do homem, e seria um efeito natural, sem necessidade de que fosse um milagre.

– Suponhamos outra situação. Um homem deveria morrer por um raio; se refugia debaixo de uma árvore, cai um raio e o mata. Os Espíritos podem provocar o raio e dirigir sobre ele?

– Ainda é a mesma coisa. Por força de leis naturais, o raio se abateu sobre a árvore, e não porque, sob ela, estava o homem. Os Espíritos, que podem pressentir o raio, poderiam sugerir-lhe abrigar-se sob a árvore, onde, provavelmente, se abateria o raio.

– Papai, vamos supor que um homem atira em outro, mas a bala só lhe atinge de raspão. Um Espírito benevolente poderia tê-la desviado? – perguntou Carlinhos.

– Uma vez disparada a arma, a bala segue a sua trajetória normal. Mas, se o homem não devesse ser atingido, o Espírito benevolente poderia lhe inspirar o pensamento de mover-se para alguma coisa e, assim, desviar-se da bala; poderia também ofuscar a visão do agressor, para que errasse na pontaria.

– Os Espíritos que desejam o oposto, não podem contrariar os que dirigem os acontecimentos da vida? – objetou D. Lúcia.

– Não podem. Os Espíritos disseram a Allan Kardec que o que está na vontade de Deus, assim deve ser.

– Às vezes nos acontecem pequenos fatos que atrapalham nossos projetos e confundem nossas previsões; são os Espíritos que os provocam? Se são eles, por que os provocam e como podemos evitá-los?

– Bem, Lúcia, se cai um prato de sua mão e se quebra, provavelmente foi apenas descuido seu. Não podemos atribuir tudo aos Espíritos, embora existam os levianos e zombeteiros que se comprazem em nos perturbar e podem provocar coisas inesperadas, apenas para se divertirem. Pode ocorrer que sejam, também, Espíritos nossos inimigos, desta ou de outra existência, que procuram nos martirizar. Quando pressentirmos que estão agindo contra nós, cabe-nos receber tudo com calma e orar por eles. Vendo que lhes retribuímos o bem pelo mal que fazem, acabam desistindo.

– Os Espíritos podem afastar os males de certas pessoas e atrair-lhes a prosperidade? Se lhes pedimos os benefícios da fortuna, podem nos atender?

– Eles não podem mudar nada do que está na vontade de Deus. De outra parte, os males são desafios à nossa inteligência e à nossa vontade e, se nos dispomos a enfrentá-los, certamente os Espíritos amigos nos sugerem pensamentos propícios. Se a fortuna for uma prova benéfica para nós, eles podem nos ajudar, do contrário não se interessam. Além disso, às vezes, aquilo que, no momento, julgamos um mal, amanhã, poderá revelar-se como sendo um grande bem.

– Quando os obstáculos parecem vir fatalmente contra os nossos projetos, seria a influência de algum Espírito?

– Algumas vezes, sim; no mais das vezes, porém, ocorre que planejamos mal, obstinando-nos num caminho que não é o nosso e, nesse caso, somos os únicos culpados.

– Se os Espíritos podem agir sobre a matéria, podem também atuar nos grandes fenômenos da Natureza, como a perturbação dos elementos? – perguntou Pedrinho, atento.

– Esclareçamos, primeiramente, que tudo na Natureza tem um fim providencial e nada ocorre fortuitamente. Deus, no entanto, não age diretamente, mas através de seus agentes que são os Espíritos, visando o bem-estar do homem e, principalmente, o equilíbrio das forças naturais. Assim, os Espíritos influem sobre os elementos para os agitar, acalmar ou dirigir. São Espíritos que se dedicam a essa atividade, alguns mandando e outros executando, de acordo com sua hierarquia, e agem em massas inumeráveis. Aliás, a mitologia dos antigos já se referia aos Espíritos que atuam sobre os elementos naturais.

– Desculpe-me, papai, mudar um pouco o rumo do assunto, mas é que hoje li no jornal algumas notícias de guerra, e fiquei curioso em saber como agem os Espíritos no campo de batalha, inclusive aqueles que aí tombam. O senhor sabe me dizer?

– Há Espíritos que acompanham os combates, estimulam os contendores, inspiram as ações, seja dos que comandam, como dos que obedecem. Numa guerra, geralmente, a justiça está de um dos lados; apesar disso, existem os que apóiam o agressor, porque há Espíritos que não procuram senão a discórdia e a destruição, e para os quais guerra é guerra. Quanto aos soldados que perecem nos combates, acontece o que normalmente ocorre nos casos de morte violenta, isto é, no primeiro momento, o Espírito se surpreende e está perturbado, não crendo estar morto porque ouve os ruídos da luta e vê sua movimentação. Aos poucos, porém, vai se inteirando da realidade e, geralmente, se desinteressa da luta e se afasta.

– Diga-me uma coisa, Augusto – atalhou D. Lúcia, curiosa –, você já leu algo a respeito de pacto com maus Espíritos e venda da alma ao diabo, que se costuma dizer que ocorrem?

– Aqui, em **O Livro dos Espíritos**, o assunto é ventilado. Disseram os Espíritos que se trata de lenda. O que existe é a associação de duas naturezas más, do encarnado e do desencarnado, para realizarem alguma maldade. Alguém, por exemplo, quer fazer mal ao seu vizinho e invoca a proteção de entidades malévolas para o ajudar, sem significar, com isso, que não possa haver uma ação contrária, dos bons Espíritos, para defender o vizinho. Mas, se o pedido é atendido pelos Espíritos inferiores, fica-lhes devendo essa obrigação, cujo pagamento, com certeza, vai lhe custar muitas lágrimas.

– Já que entramos nesse terreno, que me diz dos chamados **feiticeiros**, que detêm poderes ocultos, e dos talismãs e fórmulas para se alcançar a realização das coisas?

– Aqueles a que se costuma chamar de **feiticeiros** são pessoas, quando de boa-fé, dotadas de certas faculdades como a força magnética ou a segunda vista. Dado que a maioria não compreende o que eles fazem, julgam que possuam uma força sobrenatural. Mas os fatos que realizam não fogem das leis naturais. Podem curar e realizar grandes coisas e são auxiliados pelos bons Espíritos, quando se entregam ao bem. Os que estão dotados de grande poder magnético, podem dele fazer mau uso, dependendo do seu caráter, e podem também encontrar o apoio de

Espíritos inferiores que os secundam. Quanto aos talismãs, é preciso recordar que os Espíritos são atraídos pelo pensamento, e não por objetos materiais, mas, certas pessoas, encontram neles um modo de formular seus pensamentos com mais confiança. A respeito de fórmulas e práticas com as quais certas pessoas pensam dispor dos Espíritos, trata-se de sugestões de Espíritos zombeteiros para abusar da credulidade e ignorância das pessoas, e que nenhum poder ou valor têm.

– Papai – perguntou Carlinhos –, a bênção e a maldição podem atrair o bem e o mal sobre aqueles em que recaem?

– Creio que a bênção é um pensamento de amor, e a maldição um pensamento de ódio, que alguém dirige sobre outra pessoa. Esclarecido que nada no Universo pode fugir aos desígnios de Deus, se a maldição é injusta não encontrará eco, porém, se existe um laço recíproco de ódio, pode influir sobre o amaldiçoado, no qual encontra a sintonia necessária, inclusive, materialmente. De outra parte, a proteção da bênção só cobre àquele que a merece.

– Bem, Augusto – objetou D. Lúcia – além de cuidarem de si mesmos, e de interferirem na vida das pessoas encarnadas, os Espíritos não têm ocupações definidas, como nós temos aqui no plano material? São obrigados a trabalhar? Que tipo de trabalho teriam que realizar? Não posso compreender a vida continuando além do túmulo, sem responsabilidades definidas de trabalho.

– Claro, Lúcia, a ociosidade seria a negação de tudo quanto aprendemos, porque a vida é e será sempre essencialmente dinâmica. Os Espíritos disseram a Allan Kardec que a vida espírita é uma ocupação contínua. Mesmo os Espíritos que já alcançaram a perfeição, não estão ociosos, como se costuma supor, porque estes estão encarregados de receber as ordens diretamente de Deus e transmiti-las para todo o Universo, velando pela sua execução. De um modo geral, os Espíritos concorrem para a harmonia do

Universo, executando a vontade de Deus, do qual são os Ministros, embora nos diferentes graus da escala em que se encontrem, de onde se compreende que, desde o Espírito mais inferior ao mais superior, todos têm ocupações definidas, em conformidade com a sua capacidade, com oportunidade, dentro do tempo, de adquirir o conhecimento de todas as coisas. Pode-se dizer que há, para eles, tantos gêneros de ocupações e de missões quanto sejam as espécies de interesse a vigiar, seja no mundo físico, seja no mundo espiritual. De outra parte, dispondo o Espírito do livre arbítrio, há aqueles que se recusam ao trabalho, e vivem em ociosidade temporária, até que sintam necessidade de progredir, porque os Espíritos só avançam, segundo a maneira pela qual cumprem suas tarefas, competindo-lhes conhecer todas as coisas para que alcancem a perfeição.

– À época da Codificação do Espiritismo – prosseguiu Augusto, depois de pequena pausa –, tudo o que os Espíritos puderam dizer sobre as ocupações dos Espíritos, na verdade, foi muito pouco. Comentando o assunto com Otávio, ele me disse que, neste século, e através de Francisco Cândido Xavier, os Espíritos nos descreveram cidades do Plano Espiritual e o mecanismo de seu funcionamento comunitário, de maneira que se pode ter uma idéia, mais precisa, da vida do Espírito no estado errante. Na nossa próxima reunião, Otávio se comprometeu em comparecer, a fim de esclarecer nossas dúvidas. Assim, cada um procure relacionar as suas indagações para que possamos aproveitar a oportunidade.

E, feita a prece, por D. Lúcia, foi encerrada a reunião de estudos, no lar de Augusto.

IV – ESFERAS ESPIRITUAIS

Durante toda a semana, o assunto da família fora a tão esperada visita de Otávio, colega de Augusto, no Banco, e a sua participação na reunião familiar.

Via-se, no comentário espontâneo, que, além das dúvidas que ficaram sobre matéria tão profunda e só levemente tocada, surgiam indagações novas, demonstrando o interesse geral sobre os estudos.

Chegado o grande dia, Otávio foi recebido com muito carinho pela família, e foi ele mesmo, a pedido de Augusto, quem iniciou a reunião da noite com uma prece e, em seguida, abriu, ao acaso, **O Evangelho Segundo o Espiritismo**, na página 104, onde se encontra a lição sob o título "Mistérios ocultos aos sábios e aos prudentes".

A leitura do texto, constante dos itens 7 a 10, foi feita por Pedrinho.

Allan Kardec, comentando o versículo 25, do Capítulo XI, de São Mateus, enfatiza que os humildes aprendem com mais facilidade as verdades divinas, o que não ocorre com os orgulhosos e os pseudo-sábios, que entendem estarem Deus e os bons Espíritos no dever de lhes provar, a seu modo, todas as coisas.

Comentando o tema, Otávio esclareceu que Allan Kardec pressentira que o Espiritismo deveria caminhar da massa, ou do povo, para os sábios, ao contrário das outras filosofias que, geralmente, descem dos sábios para a massa; justamente por isso, pela realidade de que os humildes são os mais aptos a entenderem os seus ensinos e a guiarem seus estudos em um nível de lógica, antes que de provas fenomenais que lhes não dizem muito; primeiramente, a criatura deve estar interiormente preparada para aceitar mudanças em suas crenças. Para exemplificar, citou a própria reunião do lar, na qual os familiares de seu amigo, iniciaram-se na Doutrina pelo estudo correto e sistemático, partindo do início, dos conhecimentos menores para os maiores, ao invés de procurarem fenômenos espetaculares que, quando muito, poderiam comovê-los, porque não teriam base para interpretá-los convenientemente. Exortou o grupo para que continuasse assim, sem se preocupar com os fenômenos ruidosos que, com o tempo, chegariam no momento propício e naturalmente. Em seguida, se colocou à disposição dos amigos para as perguntas que achassem interessante formular, já que viera, a pedido de Augusto, para esclarecer alguns pontos que ficaram um tanto obscuros no decorrer dos estudos que efetuaram.

– Devo confessar – disse D. Lúcia, calma – que, nos estudos que fizemos, algumas partes ficaram obscuras. É verdade que, de modo geral, os princípios que estudamos, guardam indiscutível lógica, contudo, sinto que faltam alguns esclarecimentos mais, complementando-os, para que possamos entendê-los em sua plenitude. Augusto me diz que se restringe aos ensinamentos contidos em **O Livro dos Espíritos**, mas...

– Perdoe-me interrompê-la – atalhou Otávio respeitoso –, mas, devo-lhe uma explicação preliminar, antes que exponha suas dúvidas muito justas. É que, há 130 anos atrás, os Espíritos não podiam ir além das revelações que fizeram, sob pena de lançarem objeções à Doutrina, já que a Humanidade não estava suficientemente preparada para entender maiores esclarecimentos acerca das coisas do mundo espiritual. Isso não é de admirar. Jesus, há dois mil anos atrás, teve que falar por parábolas e restringir o alcance dos seus ensinos, prometendo, que, no futuro, mandaria um Consolador que falaria sobre todas as coisas. É que a Revelação é progressiva: caminha junto com o amadurecimento espiritual da Humanidade. Depois de Allan Kardec, os Espíritos continuaram a dialogar com os homens, através da mediunidade, que se generaliza entre as pessoas. E novas luzes foram lançadas. Sem me referir a outros médiuns e autores, através da mediunidade de Francisco Cândido Xavier, o iluminado e ao mesmo tempo humilde Espírito que se assina André Luiz, nos descerrou o panorama do mundo espiritual e da sociedade dos Espíritos desencarnados. Hoje, embora ainda saibamos pouco sobre o assunto, já podemos raciocinar com mais amplitude quanto aos ensinamentos básicos contidos nas obras da Codificação. Assim, as suas dúvidas são muito justas, tendo em vista o limitado estudo iniciante que levaram a efeito.

E porque Otávio calou-se, expectante, Dª Lúcia iniciou o interrogatório fraterno:

– Como disse, tudo o que estudamos até aqui, no que concerne à existência dos Espíritos, à sua eternidade e ao mundo à parte em que habitam, está dentro da lógica mais rigorosa. Filosoficamente, portanto, não é difícil aceitar esses princípios. Todavia, devo confessar, e, Otávio, me perdoe, que, no íntimo, custa-me acreditar neles como realidade: que o Espírito tem vida anterior ao corpo, que sobrevive à sua morte e, por cima disso, que o próprio Espírito exista. Gente! o pensamento não seria o resultado das funções do próprio corpo? Não se vê que a criança é incipiente e que seu pensamento e seu raciocínio lógico se desenvolvem gradualmente, durante toda a sua vida, sempre alimentados por fatos do mundo exterior? Se isso resulta da observação, de um modo geral, como conceber que o Espírito já existia antes de nascer? É claro que existem diferenças individuais; mas não resultariam do funcionamento individual de cada organismo humano? A sensitiva faz um complicado movimento de retração de suas folhas, ao simples toque de algo exterior, mas isso não quer dizer que seja uma super planta, com privilégios sobre todas as outras, as quais, de sua parte, detêm funções desconhecidas à sensitiva, seja de perfume, seja de floração ou reprodução. Confesso que, embora a lógica indiscutível de tudo o que estudamos, falta-me certeza quanto à sua realidade...

A confissão de D. Lúcia surpreendeu os familiares, que acompanhavam o seu desabafo, atônitos, diante das questões que suscitava e que, sem dúvida, vinham recheadas na mais ingênua sinceridade.

Otávio, porém, paciente doutrinador, acompanhava suas palavras com grande interesse e alegria, uma vez que lhe abriam campo largo para a elucidação de questões fundamentais. Quando a senhora se calou, reticente, e os familiares não fizeram nenhum comentário, tomou ele a palavra, iniciando, calmamente, por sua vez, um paciente interrogatório:

– D. Lúcia, a senhora sempre foi católica praticante e, portanto, pessoa religiosa, o que pressupõe que tem fé, que tem certezas indiscutíveis a respeito dos princípios filosóficos que adota. A senhora acredita que Jesus, depois de crucificado e morto, apareceu de corpo inteiro e de maneira tangível a Maria Madalena e aos seus apóstolos?

– Claro que acredito, mas aí se trata de Jesus...

– E acredita nas aparições de Santos, conforme estão registradas na história da Igreja?

– Não tenho porque duvidar disso, foram fatos comprovados; mas, ainda aqui, trata-se de Santos, pessoas excepcionais... E isso não implica na afirmação de que tenham vivido antes de nascerem no mundo físico.

– Examinemos a questão sob dois aspectos: Pela lógica mais elementar, se uma pessoa, depois de morta, seja ela Jesus ou qualquer Santo da Igreja, aparece corporificada e se exprimindo de maneira inteligente, através de palavras e atos, está comprovando que ela possuía algo a mais do que o corpo físico que se desfez em pó, algo que **sobreviveu** e está se manifestando, e é o que chamamos **Espírito**. De outra parte, tanto Jesus quanto os Santos, pertenceram corporalmente à espécie humana, e se a Natureza tem leis imutáveis que regem a espécie, há que se concluir que todos os homens sobrevivem ao corpo e podem se manifestar entre nós, mesmo depois de mortos. Aceita essas conclusões?

– Realmente, mas ainda estamos no terreno da lógica...

– Não, já penetramos o campo dos **fatos**: falamos de **aparições** históricas e aceitas. Porém, nos referimos apenas àquelas que você conhece e que fazem parte da história da Igreja. Vocês estão se iniciando no estudo do Espiritismo, ainda não puderam conhecer a sua parte prática, ou experimental, nem estudaram a Doutrina sob esse aspecto. No futuro, presenciarão muitos fenômenos que, pelas suas circunstâncias, lhes darão a certeza desses princípios fundamentais. Até lá, no entanto, não se podem desprezar os fatos comprovados e registrados em livros com detalhes, inclusive, fotográficos. William Crookes, por exemplo, eminente físico e químico inglês, de renome e reputação científica internacionais pelas suas pesquisas e descobertas no campo da Física e da Química, examinou, por largo tempo, um Espírito que se materializava, de forma tangível, diante dele, e ao qual pôde fotografar, simultaneamente com diversas câmaras, tomar a pulsação, a temperatura e o peso igual a uma pessoa viva, tendo chegado, inclusive, a cortar e guardar um pedaço do vestido com o qual o Espírito, que dizia chamar-se Katie King, se cobria[1] É um caso notável não só pelo tempo e minúcia de detalhes da pesquisa, senão também pela personalidade do pesquisador e das autoridades científicas da época, que lhe acompanharam o trabalho. Sem que tenhamos que ingressar na citação de muitos fatos históricos, registrados em livros, de manifestação de Espíritos sob o controle de cientistas de renome, procuremos nos lembrar de quantas

(1) **Katie King**, Wallace Leal V. Rodrigues, Casa Editora "O Clarim", Matão, SP, e **Fatos Espíritas**, William Crookes, FEB, Rio de Janeiro, RJ.

vezes já lemos, nos jornais, fatos presenciados por multidões, tais como o arremesso de objetos, ou o seu transporte, organizado e inteligente, sem participação de pessoa viva, ou mesmo a ocorrência de pequenos incêndios ou fortes pancadas, sem agente vivo.[2] Aliás, as primeiras manifestações espíritas inteligentes foram feitas através de pancadas, quando os Espíritos respondiam as perguntas por determinado número de batidas para cada letra, conforme um código estabelecido. Na atualidade, há uma vasta literatura espírita de **cartas** de Espíritos a seus familiares, recebidas através dos médiuns Francisco Cândido Xavier e Eurícledes Formiga, com provas exuberantes da sobrevivência, uma vez que, nessas **cartas**, eles entram em detalhes íntimos de conhecimentos apenas dos familiares, e descrevem os fatos que resultaram em sua morte, com riqueza de pormenores, chegando ao ponto de, em uma dessas cartas, um Espírito esclarecer as circunstâncias de sua morte, para livrar um amigo da imputação do crime, e que foi tomada em consideração pela Justiça, resultando na absolvição do réu.[3] Tenho certeza, D. Lúcia, que esses depoimentos, que se contam já-às centenas, lhe darão a certeza da sobrevivência do Espírito, até que possa, à maneira de São Tomé, tocar um Espírito materializado, em uma sessão de materialização.

– Acredito em você e vou me interessar pelos dois aspectos. Mas, admitida a sobrevivência do Espírito, qual a prova de que ele volta a tomar outro corpo, ou reencarnar-se?

– Bem, quando falamos de **provas**, surge o problema da procura, da pesquisa. Se a senhora está disposta a estudar o assunto com profundidade encontrará farto material por toda parte. No campo científico, podemos citar o tra-

---

[2] Veja-se **Anuário Espírita,** edições 1964 a 1988, seção "O possível Acontece", IDE, Araras-SP.

[3] **Lealdade,** Francisco C. Xavier, Maurício G. Henrique (Espírito), Hércio M.C. Arantes, IDE, Araras, SP.

balho desenvolvido pelo Prof. Ian Stevenson que pesquisou casos de reencarnação, a partir da memória de crianças com respeito à vida passada, comprovando a realidade de que haviam vivido aquela existência da qual se lembravam. O resultado do seu trabalho está num livro: **Vinte Casos Sugestivos da Reencarnação**.[1] Há, ainda, outros livros que relatam experiências de regressão de memória em transe hipnótico, nas quais os pacientes se recordam de existências passadas, com riqueza de detalhes e, inclusive, falando a língua do país no qual estavam encarnados. Filosoficamente, para se adquirir a certeza de uma vida anterior, basta analisar o mundo ao nosso derredor: crianças que morrem em tenra idade, sem oportunidade de enfrentar o mundo, enquanto outras pessoas vivem quase cem anos sob provações terríveis; indivíduos carentes de tudo, na mais negra provação, enquanto outros dormem em berço de ouro; homens imbecis, sem poderem viver com consciência, enquanto outros desfrutam genialidade, em contrastes que negariam a Justiça Divina, se não houvesse uma vida anterior. E poderíamos continuar enumerando razões para essa certeza. Estude o problema, com vagar, e verá que o fato de termos vivido uma vida anterior é uma realidade, aliás, uma linda realidade a nos assegurar a eternidade da vida.

– Muito interessante a sua exposição. Vou me interessar pelo estudo que sugere – atalhou D. Lúcia, que acompanhava as palavras de Otávio com o mais vivo interesse.

Como ninguém se animasse a novas perguntas, depois de uma pequena pausa, foi ela mesma quem voltou a indagar.

– Aprendemos que os Espíritos errantes habitam mundos transitórios, que se lhes constituem **espécies de acampamentos** ou **campos de repouso**. Na oportunidade,

---

(1) **Twenty Cases Suggestive of Reincarnation** (original em inglês), Ed. Difusora Cultural, São Paulo, SP .

quis saber mais, porém, Augusto não soube explicar-me. A verdade é que a questão, ao menos para mim, vficou muito obscura. Nos intervalos das reencarnações, ao que pressinto, os Espíritos devem ter uma vida rica e intensa, uma vez que se encontram em seu mundo normal, muito melhor, em todos os sentidos, à vida terrena. Como harmonizar essa lógica com a idéia restritiva de **acampamentos** e **campos de repouso** em **mundos transitórios**? Depois da Codificação, os Espíritos esclareceram mais alguma coisa a respeito?

– O assunto é fascinante e está desenvolvido pelos Espíritos, de forma a que tenhamos, hoje, uma idéia muito mais ampla da vida no mundo espiritual. Como já mencionei, o Espírito denominado André Luiz, nos descerrou o mundo dos Espíritos, através de seus relatos, – que se encontram em livros psicografados por Francisco Cândido Xavier. Descreveu-nos, com detalhes, uma cidade espiritual, chamada "**Nosso Lar**"(1) assim como lances de sua vida comunitária, e, nos livros que se se guiram, nos relatou suas experiências, em diversas faixas do plano extra-físico, fornecendo-nos informes ex traordinários e valiosíssimos para o entendimento da questão, cujo debate a irmã suscita.

Oh! então existem cidades espirituais organizadas como as nossas? –perguntou D. Lúcia, sumamente interessada.

– Sim, e melhores do que as nossas. Platão, antes de Jesus, já dizia que o mundo físico é uma cópia imperfeita do mundo das idéias. E, realmente, ressalta das informações de André Luiz que o nosso mundo é cópia imperfeita do mundo espiritual. É natural que os homens, recordando-se vagamente de sua vida no espaço, procurem imitála, aqui, nas suas edificações e organização.

– A gente pode ter uma idéia de como é essa cidade espiritual, através do livro?

---

(1) No livro também intitulado *Nosso Lar*, FEB, Rio de Janeiro, RJ.

– Como não! e hoje dispomos de maiores informes. Os Espíritos, através da mediunidade de nossa confreira Heigorina Cunha, já nos forneceram o Plano Piloto da cidade "**Nosso Lar**", ou seja, a sua planta baixa[1], dando-nos uma visão de como a cidade está estruturada, com base em sua organização comunitária.

– E que fazem os Espíritos nessa cidade?

– Bem, fazem o que fazemos por aqui, apenas em nível melhor, ou seja, vivem em família, estudam para progredir e trabalham, a fim de garantir moradia, vestuário, alimentação e entretenimento.

– Que me diz! Vestuário e alimentação para os Espíritos?

– Claro. O que há de extraordinário nisso? A vida continua e a morte não nos transforma, de um momento para o outro, em criaturas angelicais. Há notícias de que, nos mundos superiores, o problema da alimentação não existe, mas, enquanto estivermos presos às sensações mais grosseiras do mundo físico, não poderemos dispensar o prato de comida e a roupa que nos cobre. E note que em "Nosso Lar" há campos de cultura agrícola, onde são produzidos alimentos vegetais e há fábricas variadas que produzem alimentação diversificada e vestuário adequado a todos os gostos. A produção de tudo pertence à comunidade e o trabalho de cada Espírito é recompensado pela atribuição de uma moeda suigeneris chamada **bônus-hora**, com a qual ele compra tudo, desde casa própria até o divertimento que lhe agrade.

– Espantoso! Casa própria! Família! Como é isso, meu amigo?

– Por que o espanto? Em "Nosso Lar" existem as casas que pertencem à comunidade e aquelas que perten-

---

(1) *Cidade no Além*, Francisco Cândido Xavier, Heigorina Cunha, Espíritos de André Luiz e Lúcius, IDE, Araras, SP .

cem aos Espíritos, que a adquirem com os recursos do seu trabalho, com direito a efeitos hereditários. As pessoas se reúnem em família, com os mesmos problemas e necessidades afetivas daqui, que se vão depurando, à medida que os Espíritos se aperfeiçoam, em planos mais elevados. A vida não dá saltos.

– Em que mundo transitório está localizada essa cidade chamada "Nosso Lar"?

– Bem! vamos esclarecer, antes de mais nada, que quando se fala em faculdades dos Espíritos e do ambiente em que vivem, é preciso levar em conta o seu estado evolutivo, e considerá-lo nessa posição. **O Livro dos Espíritos** nos fala em mundos transitórios, onde os Espíritos errantes estagiam nos intervalos das encarnações, e esclarece que nem todos vão onde querem, havendo os que não estão totalmente libertos da matéria, pertencendo, ainda, ao mundo em que viveram. Portanto, os **mundos transitórios** destinam-se aos Espíritos que, libertos das injunções do mundo em que viveram, devem prosseguir sua evolução em outros mundos. Aqueles que ainda não alcançaram essa situação, permanecem nos arredores do próprio mundo, onde vivem suas experiências.

– Como assim? – atalhou Augusto que acompanhava os debates com interesse. O que quer você dizer quando fala em **arredores**? Refere-se aos satélites que giram em torno dos mundos?

– Não. Refiro-me ao próprio mundo, no âmbito das suas esferas espirituais.

– Esferas espirituais? Que vem a ser isso? – perguntou D. Lúcia, curiosa.

– O assunto ainda é bastante nebuloso, e as notícias que posso dar, são as que recolhi nos livros a que já me referi, em apontamentos esparsos e despreocupados da centralização desse tema. Consideremos a Terra, em sua estrutura que já conhecemos, e imaginemo-la de maneira simples, em suas camadas: no centro, um núcleo de matéria em fusão; envolvendo o núcleo um manto de matéria já mais consistente e, envolvendo esse manto, uma parte mais sólida, que é a **Crosta**. Seriam, pois, como se fossem três bolas, uma dentro da outra. Essa é a parte que podemos definir em razão dos nossos sentidos e da nossa posição evolutiva, que se detém na **faixa vibratória** correspondente à espessura da Crosta no ponto em que pisamos. Dizem os Espíritos que, acima de nós, em forma de matéria que escapa aos nossos sentidos, existem camadas, cada vez mais rarefeitas, formando uma estrutura que comporta outras **bolas** envolvendo as três a que nos referimos, formando **faixas vibratórias** de espessura e natureza diversificadas. Podemos ter uma idéia desse arranjo, cortando pelo meio uma cebola comum e olhando-lhe as camadas, uma unida à outra, como se fossem bolas dentro de bolas. Claro que imaginar as **esferas** que envolvem a Crosta não é um exercício mental muito fácil, considerando a nossa falta de observação objetiva do mundo que temos por cima de nossas cabeças. Mas, vou tentar explicar-lhes nos limites dos meus conhecimentos. Sabemos que a Terra é um corpo magnético, que se movimenta no espaço, **irradiando** o seu magnetismo e projetando, ao seu redor, um **campo magnético**, que vai se diluindo através de milhares e milhares de quilômetros, até que cede lugar ao campo magnético do planeta mais próximo, no ponto em que se tocam, interligando-se. Nesse espectro, no qual a matéria vai mudando de características, estão as **faixas vibratórias diversificadas**, que formam as **esferas** que chamamos **espirituais**, porque escapam aos nossos sentidos materiais. Agora, num esforço de maior compreensão, consideremos que a **forma** que se projeta, como se fora um desenho no campo de um jato de luz, é a mesma **geografia** que aparece em nossos mapas do mundo, desenhados sobre uma esfera. Vamos ver se me explico melhor. Imaginemos um aparelho cinematográfico, projetando um **slide**, no qual está desenhada a parte do globo correspondente à América do Sul; se colocarmos uma tela a 5 metros de distância do foco de luz, colheremos a imagem projetada com um tamanho determinado; se colocarmos a tela a 10 metros de distância, colheremos a mesma imagem, porém já agora em um tamanho proporcionalmente maior; se colocarmos a tela a 15 metros de distância do foco de luz, ainda colheremos a mesma imagem e mais ampliada, e assim, sucessivamente, até que a fonte de luz se dilua. Consideremos o campo magnético da Terra como o campo dominado pelo jato de luz. Se fôssemos transportados para o espaço e, colocados em determinado ponto, nossos sentidos fossem dilatados até alcançarem a faixa vibratória correspondente, ocorreria o que ocorreu com a tela deslocada, isto é, teríamos a mesma **imagem** que temos aqui: sentiríamos os pés sobre o **solo** e, acima de nossas cabeças, veríamos o, Infinito, estando localizados no mesmo ponto geográfico e, assim, sujeitos ao mesmo fuso horário. Vamos a outro esforço de elucidação para tentarmos uma compreensão melhor. Imaginemos a nossa cebola e suas camadas, e consideremos que, em cada camada, possamos colocar a **tela** diante da projeção, de maneira que, sobre elas, estaria desenhado sempre o mapa-múndi e, se fôssemos tirando, uma a uma, essas camadas, encontraríamos sempre a mesma **geografia**, ou seja, o mesmo desenho do mapa-múndi. Alguém está entendendo a minha explicação?

– Apesar de ser um assunto sobre o qual nunca ouvimos falar, creio que entendi o que você quer demonstrar – respondeu Augusto. Se o núcleo da Terra se projeta no Espaço, em qualquer das **esferas** que pararmos, dentro desse campo, vamos ver o que vemos aqui ao nosso redor, porque será sempre a mesma paisagem, apenas com uma estrutura material diferente.

– Exatamente – atalhou Otávio. Por isso mesmo, quando vocês lerem **Nosso Lar** ou qualquer outro livro de André Luiz que descreva o plano espiritual, irão verificar que ele se refere a **solo** sobre o qual os Espíritos pisam, estão edificadas as construções e podem ser cultivados vegetais. E, apesar de haverem outras **esferas** acima, por sobre suas cabeças têm o mesmo panorama do Céu que temos por aqui, iluminado pelo Sol, ou salpicado das mesmas estrelas, na ausência da luz mais intensa.

– Mas você ainda não respondeu à minha pergunta sobre a localização da cidade **"Nosso Lar"** – atalhou D. Lúcia.

– Bem, a senhora perguntou em que **mundo transitório** está a cidade. Naturalmente, por estar ela localizada no campo da própria Terra, e não em um outro mundo, e **O Livro dos Espíritos** não fez referência às **esferas espirituais**, para não suscitar esse assunto prematuramente, cabia-me a explicação que fiz para lhes dar uma idéia, embora incompleta, de como a vida se desdobra na Terra. Se considerarmos, seguindo a tradição antiga dos **sete céus**, que existem sete esferas acima da Crosta, a cidade "Nosso Lar" está localizada na terceira esfera, num ponto sobre a cidade do Rio de Janeiro, estendendo-se até a cidade de Campos e, portanto, com a mesma geografia daquela região.

– Seríssimo! – suspirou Augusto – se temos acima de nós esferas com uma crosta sólida, isso quer dizer que para os habitantes de "Nosso Lar" nós estamos vivendo no interior da Terra?

– Exatamente, acrescentando-se que, para os habitantes das **esferas** que lhe estão acima, a população de "Nosso Lar" também estará no interior do nosso globo.

– Como poderemos estar no interior da Terra se não temos uma massa sólida acima de nós, mas céu aberto? – perguntou Pedrinho, aflito, talvez por não poder seguir o raciocínio sobre coisas aparentemente tão abstratas.

– Isso mesmo – concordou D. Lúcia –, embora sua explicação tenha sido muito clara e o exemplo da **proje-**

ção e da **tela** sirva para esclarecer bem matéria tão complexa, não sei como tendo céu aberto sobre minha cabeça, para outros possa estar no interior da Terra.

– Tudo se resume em uma questão de **vibração** e **sintonia**. Se dissermos a uma pessoa, alheia ao progresso tecnológico da atualidade, que ao nosso redor existem muitos sons, de vozes e de músicas, e até mesmo imagens de pessoas e de cenas diversas, certamente que ela rirá, incrédula. Entretanto, nós sabemos que, ligando-se um simples aparelho de rádio, à medida que variarmos a sua freqüência, captaremos sons de estações determinadas em freqüências determinadas, ou, se ligarmos um aparelho de televisão, captaremos, no vídeo, as imagens que estão sendo transmitidas, convertidas em impulsos magnéticos de determinadas freqüências. Basta que **sintonizemos** essas freqüências para captarmos as emissões dessa faixa vibratória. Note-se que os sons e imagens que povoam uma determinada freqüência, não se misturam com os sons e imagens de outra freqüência. Estão em camadas distintas e podemos captá-los desde que entremos em **sinfonia** com a freqüência vibratória, que lhes é própria. Os Espíritos também estão em diversas faixas vibratórias, de acordo com a sua evolução, e sua percepção se resume à faixa que lhes é própria, ou com a qual estão em sintonia. Nós também somos Espíritos estacionados em determinada faixa vibratória, correspondente a este plano que chamamos de **físico**, e somos dotados de **sentidos**, sintonizados com as vibrações desta faixa. O nosso **mundo** é composto de tudo aquilo que a nossa percepção alcança. Mas isso não quer dizer que, fora dos limites da nossa percepção, nada mais exista ao nosso redor. Não vemos as ondas de rádio, nem os gases, mas, no entanto, sabemos que existem, porque foram criados aparelhos que complementam nossos sentidos e podem detectar as realidades que estão fora do nosso campo perceptivo, adequando-as à nossa percepção.

Há notícias, hoje, de que estão desenvolvendo aparelhos, à maneira de rádios e televisores, para a comunicação verbal e visual com os Espíritos [1], ou seja, aparelhos que colocam em **sintonia** faixas vibratórias distintas, para que sejam percebidas uma pela outra. Na verdade, do mundo que nos cerca, temos apenas uma **aparência** correspondente a tudo aquilo que está colocado na faixa vibratória que nos é própria e ao alcance dos nossos sentidos. Sons acima de 20.000 ciclos não serão captados pela nossa audição, mas isso não quer dizer que não existam sons dessas freqüências ao nosso redor: o morcego, por exemplo, produz um som que está fora do nosso campo perceptivo. Para que entendam, de alguma forma, como se irradia e diferencia o campo magnético da Terra, projetando-se no espaço, podemos recorrer a um exemplo de fácil observação. Quando atiramos um objeto, em um lago tranqüilo, vemos que se formam ondas circulares ao seu redor, que vão diminuindo sua **força** e aumentando em tamanho, distantes umas das outras; ao redor do centro gerador do movimento, se formam esferas concêntricas, num desenho que pode servir bem para a representação das esferas espirituais, e que podemos associar a outra representação: a Terra irradia, ao seu redor, o magnetismo que lhe é próprio e que se espraia no espaço formando um **campo**, à feição de lâmpada incandescente que, partindo do seu filamento central aquecido, irradia luz formando, também, um **campo** ao seu redor e que, se provocado num lugar escuro, nos apareceria aos olhos como uma bola de luz diminuindo de intensidade do centro para a periferia. O campo magnético do nosso Planeta, visto pelos Espíritos que já lhe superaram a posição vibratória, também apareceria como um globo de energia, delimitado, em sua circunferência,

---

(1) Ver **Anuário Espírita** edições 1983, pgs. 127/134; 1987, pgs. 122/124; e 1988, pgs.109/113.

pelo potencial irradiado e que, naturalmente, igual à luz da lâmpada, teria intensidade vibratória, ou padrão vibratório, diferenciado a partir do centro irradiador. Respondendo, nos limites do possível, à pergunta, diria que cada ser, onde estiver, no campo magnético da Terra, percebe apenas aquilo que está dentro da faixa da sua tonalidade vibratória, e abaixo dela. Os habitantes de "Nosso Lar" não vêem as esferas que lhe estão acima, em outros **padrões vibratórios de freqüências mais elevadas, e a matéria, cujo padrão vibratório está abaixo da sua freqüência de percepção, lhes parece sólida,** tal como ocorre conosco, nos limites em que estamos colocados. Fui obrigado a tocar neste assunto, que, como percebem, ainda nos é de difícil compreensão, para poder explicar que os Espíritos, ainda presos às exigências da evolução terrena, não habitam mundos transitórios mas, sim, a própria Terra, em seu campo de influência magnética.

– Não quero embaraçá-lo, Otávio, mas não posso deixar de fazer-lhe uma pergunta, que nasce de minha curiosidade. Imaginando-se uma série de **esferas**, umas dentro das outras, de tamanho progressivamente maior, como os habitantes de "Nosso Lar", para os quais o que está abaixo dos pés é de natureza **sólida**, podem vir até nós, por exemplo, que, para eles, estamos no interior da Terra?

– A pergunta é justa e decorre naturalmente do que ficou dito. Ainda que tudo o que está dentro do nosso campo perceptivo não passe de **aparência** do que está ao alcance da nossa percepção, não podemos fugir à consideração de que, o que está no interior de uma massa sólida tem acesso difícil, com necessidade da remoção dos obstáculos. Em seus livros, André Luiz nos esclarece que os Espíritos podem livremente passar pelas esferas que estão mais para o interior, de padrão vibratório inferior à sua. E nos aponta, em algumas oportunidades, diversas maneiras de como transitam de uma esfera para a outra. Anotei três modos de locomoção, a saber: por **estradas de luz**, apontadas como caminhos especiais, destinados a transportes de maior importância; através dos chamados **campos de saída**, que são pontos onde as duas esferas próximas se tocam, e **pelas águas** que suponho ser as que circundam os continentes, dos oceanos, que também se **projetam**. No que respeita aos **campos de saída**, há referências a eles no livro **Libertação.**[1]

De outra parte, no livro **Nosso Lar**; quando nos a maneira pela qual, em sonho, passou para uma esfera superior, a fim de visitar sua mãe, André Luiz se refere a uma **embarcação**, com um **timoneiro** sustentando o **leme**, e com movimento de ascensão, indo sair à frente de um **porto**, tudo indicando que a passagem se deu através das águas do oceano. Ao que me parece, essas são todas as informações disponíveis a respeito do assunto, fornecidas pelos Espíritos. Temos também uma representação gráfica das **esferas**, no livro que contém a planta baixa da cidade "Nosso Lar", a que já me referi, e que, por felicidade, tenho aqui no carro. Um momento, que vou apanhá-lo.

Regressando, depois de alguns instantes, Otávio folheou o livro[1] e abriu numa página onde havia um desenho, mostrando as sete esferas espirituais ao redor da Crosta terrestre, com um sinal indicando a localização da cidade, na terceira esfera.

– Estas três primeiras esferas, inclusive a que abriga a cidade "Nosso Lar", fazem parte do **Umbral**, zona purgatorial, de sofrimento e de transição, onde se abrigam Espíritos ainda sujeitos à encarnação na Terra, em caráter de expiação.

– Purgatorial? – perguntou Pedrinho espantado. – Então existe mesmo o Purgatório?

---

(1)Francisco Candido Xavier. Espírito André Luiz, FEB, Rio de Janeiro, RJ, 9ª ed., cap.3, pg. 50.

– Não existe na forma em que foi proposto pela Igreja, entre um Céu e um Inferno de sujeição eterna. O Umbral se estende desde a Crosta terrestre, e nós mesmos estamos mergulhados nele. Ao nosso redor, nesta esfera espiritual, se localiza o chamado Umbral grosso, que se caracteriza por um sofrimento mais intenso, onde o mal impera de forma avassaladora, impondo aos Espíritos, endividados perante a Lei Divina, sofrimentos atrozes e de longa duração. Seus habitantes, no geral, são grandes criminosos, não só por danos físicos, mas, e principalmente, por danos morais que impuseram aos semelhantes. Nessa faixa, o ódio e a vingança alimentam os Espíritos que se deixaram prender, à maneira de como os estupefacientes sujeitam os seus dependentes. Dispomos de poucas informações, dos Espíritos, a respeito de como a vida se desdobra por aí, em seus aspectos de convivência e de sustentação material, naturalmente aqui compreendida a **matéria** na faixa que lhe é própria. A segunda **esfera espiritual** corresponde ao Umbral mais ameno, no entanto, ainda marcado por grandes sofrimentos e, portanto, habitado por Espíritos muito sofredores. Nessa esfera, predominam as cidades conhecidas como "Moradias", implantadas pelos Espíritos Superiores, a fim de socorrer, em suas instituições, os Espíritos tirados do Umbral **grosso**, e os da própria esfera, curando-os, esclarecendo-os e preparando-os para nova experiência reencarnatória. Na terceira esfera, onde está a cidade "Nosso Lar"[1], ainda há Espíritos sofredores, mas as cidades implantadas e mantidas pelos Espíritos Superiores, para assistência aos Espíritos necessitados de equilíbrio e renovação, já são marcadas por um clima de felicidade, embora todos os seus habitantes estejam ainda sujeitos à nova encarnação, a fim de resolver seus problemas íntimos. Quanto às esferas que se seguem, temos pou-

[1] Cidade no Além.

cas notícias. Consta que os habitantes da quarta esfera são os Espíritos, de sentimentos nobres, ligados à Arte em geral, ou à Cultura e Ciência. A quinta esfera aparece, neste livro, com a característica de Amor Fraterno Universal, o que nos sugere uma vida já depurada, isenta do mal. Na sexta esfera, estariam os Espíritos que dirigem a vida no Planeta, traçando-lhe as diretrizes. A sétima esfera, que toca as esferas exteriores dos Planetas vizinhos, já seria uma espécie de Céu, descerrando-nos as portas do Universo para experiências mais altas, em outros sistemas solares, constelações ou galáxias distantes.

– E as Trevas, das quais se ouve falar muito, onde estão localizadas? – perguntou D. Lúcia, um tanto constrangida.

– Bem! como temos **esferas** exteriores à Crosta, temos também **esferas subcrostais**, para nós no interior da Terra. André Luiz nos dá notícia da primeira delas, no livro **Libertação** [1], e descreve, em rápidas pinceladas, alguns aspectos de sua paisagem, de uma cidade e de seus habitantes. Note-se que, depois de uma longa **descida**, entram nos domínios dessa esfera por um **campo de saída**, ou ponto de contato entre as duas esferas próximas.

– Há pouco – disse Augusto –, o amigo afirmou que tudo o que está dentro do nosso campo perceptivo não passa de **aparência** do que está ao alcance da nossa percepção. Calei-me para não interferir no desenvolvimento das suas explicações, mas, o que significa isso? Por que tudo é apenas **aparência**?

– Vamos por etapas. Sabemos que a matéria, que é concreta para nós, não constitui obstáculo para os Espíritos. Isso é tão notório hoje que se costuma representar, in-

---

[1] Capítulo 4- A cidade está localizada nos limites entre a Crosta e a primeira esfera subcrostal, com cerca de 2/3 da sua área dentro desta. Ver também a obra **Obreiros da Vida Eterna** - cap. 15, p. 238.

clusive em contos infantis, os **fantasmas** atravessando paredes sem dificuldade, como, de fato, ocorre. Ora, isso quer dizer que, na prática, nossa matéria só existe para nós, é uma **aparência** que fere os nossos sentidos dentro do campo vibratório que nos é próprio, assim como tudo o que está debaixo dos nossos pés e acima de nossas cabeças se resume em **aparência**. O solo é uma **aparência** para nós do mesmo modo que é uma aparência para os habitantes de "Nosso Lar" que, muito acima de nos, pisam o seu solo, cultivam-no e lhe modificam os contornos. Na verdade, o campo magnético da Terra não é sólido como aparenta ser sob os pés e os olhos dos habitantes de cada uma das esferas espirituais, mas, se podemos nos expressar assim, é igual ao da lâmpada, ao que me referi, sendo percebido de maneira distinta, em cada faixa vibratória, sob aparência que parece concreta para os que nela circulam.

– Quer dizer que as esferas espirituais, que estão abaixo de nós, que você chama de subcrostais, têm outras **aparências**?

– Claro. Depois vou lhe indicar, no livro **Libertação** (Capítulo IV), a que já me referi, onde estudar, com mais detalhes, a incursão que três Espíritos fazem na primeira dessas esferas, descrevendo-lhe a paisagem, inclusive a percepção da luz solar, e as implicações materiais do novo padrão vibratório, e o amigo vai perceber que cada esfera tem a sua **realidade** e, conseqüentemente, as suas **aparências**.

– Há dias, minha professora estava ensinando sobre petróleo – atalhou Pedrinho –, e disse que os depósitos de óleo estão a milhares de metros de profundidade, e que são restos de matéria orgânica, de vida que existiu naquele nível e que ficou soterrada; mas, sendo perguntada de que modo se depositou tanta terra sobre esse nível, disse que a Ciência ainda não tinha qualquer explicação à respeito. Seria, acaso, matéria de esferas inferiores?

– Não creio – respondeu Otávio com largo sorriso. Aliás, partindo do princípio de que tudo é **aparência** contida nos limites dos nossos sentidos, tenho, para uso próprio, uma opinião a respeito. A matéria orgânica, a que você se referiu, tem milhões de anos e é atestado inequívoco de que, naquele nível, houve vida orgânica igual à nossa. No decorrer desses milhões de anos, e isso me parece também incontestável, a Humanidade, como um todo, evoluiu na sua posição vibratória. Se voltarmos a imaginar a bola de luz ao redor da lâmpada incandescente, e a Terra como um campo vibratório que lhe guarda semelhança, podemos representar a Humanidade, em razão da sua evolução espiritual e conseqüente mudança vibratória, deslocando-se do centro para a periferia do campo vibratório terreno, ou seja, colocando-se mais **acima** do centro. Sobre essas premissas, formo a minha opinião pessoal de que, possivelmente, não houve depósito de tanta terra sobre o referido nível de vida, onde está o óleo, mas simples mudança da **aparência** do que está abaixo de nós; como quem sobe um monte e deixa o vale lá embaixo, subimos, nesses milhões de anos, até a nossa **aparência** atual, numa altura que pode ser medida pela espessura da camada que lhe foi acrescentada.

– Caramba! Como você vai provar uma teoria dessas?

– Não tenho que provar nada. Apenas estou raciocinando com lógica, sobre os conhecimentos que temos hoje, dados pelos Espíritos, acerca do mundo material e do mundo dos Espíritos.

– Meu Deus! – exclamou Dª Lúcia, algo aflita –, isso é uma revolução em minha cabeça.

– Não sei por que tanto espanto. A senhora já se conscientizou de que seu corpo é um universo de vidas microscópicas, formando imensas colônias diferenciadas, como se fossem raças, estruturadas e mantidas pela mente, e que esse universo se desloca no espaço circundante sob o impulso da sua vontade? Quer coisa mais fantástica do que essa, e que não passa de ser a realidade de nós mesmos? Cabe ao homem pesquisar, raciocinar, evoluir, aprender sempre. Nessa ascensão, cada vez mais, nos defrontaremos com as leis divinas ordenando e explicando tudo, e não tardará o dia em que compreenderemos que acima da nossa **aparência** humana está a nossa **realidade** de Espíritos eternos.

– Gostaria de saber que tipo de trabalho fazem os Espíritos e se são obrigados a trabalhar? – perguntou Carlinhos que se manteve o tempo todo quieto, acompanhando a exposição de Otávio.

–Tomando por base a cidade "Nosso Lar", conta-nos André Luiz que ali existem serviços públicos, escolas, hospitais e indústrias. Logo, ao que parece, as mesmas tarefas, que nos afetam, surgem ali. Naturalmente, aqueles que têm conhecimentos anteriores relativos a quaisquer dessas espécies de tarefas, são aproveitados pela sua experiência, embora a necessária adaptação às novas dimensões da matéria. Não há obrigatoriedade de trabalho, existindo inclusive os Campos de Repouso, onde os Espíritos vadios podem permanecer, estacionados.

O trabalho é o caminho fundamental do progresso espiritual. Quem não trabalha, não avança, e isso é lei vigente em qualquer rincão do Universo. Por isso mesmo, disseram os Espíritos, a Allan Kardec, que o limite do trabalho é o limite das nossas forças[1].

– Mas a gente ouve dizer que quem morre, descansa! – apontou Pedrinho.

– Pois é uma grande ilusão, meu filho. A vida no mundo espiritual, pelo que tudo indica, é muito mais intensa e exige muito mais de nós. Claro que, por força do livre arbí-

---

[1] **O Livro dos Espíritos**, Questão 683.

trio, sempre haverá a oportunidade de **descanso**, contudo, lhe corresponderá, também, a contingência da pessoa estacionar, desperdiçando tempo e retardando a solução de seus problemas e conseqüente libertação.

– E o estudo? – perguntou Carlinhos. Continuaremos a estudar no mundo espiritual?

– E por que não? Teremos que conhecer e aprender até que alcancemos a perfeição, e para alcançá-la, em qualquer esfera espiritual, ou mundo em que estivermos, haverá sempre Espíritos Superiores ensinando aos que permanecem na sua retaguarda, em estabelecimentos organizados de ensino, com métodos e recursos sempre mais avançados, com notícias cada vez mais profundas acerca da Vida Universal. Ame o seu estudo aqui na Terra, porque, embora incipiente, será sempre a base necessária para um conhecimento superior. Bem! Creio que avançamos por demais sobre o horário costumeiro. Estou à disposição, mas, se preferem, podemos encerrar nossa conversa de hoje por aqui.

– Está na hora das crianças irem para a cama emendou Augusto. Agradecemos a sua presença, e esperamos que volte sempre para nos ajudar nos estudos.

Feita a prece de encerramento da reunião, por D. Lúcia, depois de mais alguns minutos, na troca de despedidas, Otávio se retirou para o seu lar, deixando os familiares de Augusto envoltos numa vibração contagiante, que acompanha os conhecimentos novos.

V – Encarnação dos Espíritos

A semana, no lar de Augusto, foi marcada pelos comentários relativos à visita de Otávio na reunião semanal do Evangelho no Lar. Os ensinamentos trazidos pelo amigo, à margem dos conhecimentos contidos em **O Livro dos Espíritos**, ampliando-lhes, sobremaneira, a compreensão, ocuparam as conversações familiares.

Iniciando a reunião seguinte, Augusto, depois de sentida prece, abriu, **O Evangelho Segundo o Espiritismo** que saiu no item 25, do Capítulo IV, na lição **Necessidade de encarnação**, pedindo a Carlinhos que lesse o texto dos itens 25 e 26.

– Esta é uma questão interessante para ser estudada, a fim de esclarecer melhor o problema da anterioridade do Espírito ao nascimento do corpo – apontou D. Lúcia, ao final da leitura.

– Papai! o que vem a ser **reencarnação** e qual a sua utilidade para nós? – perguntou Pedrinho.

– Como o próprio nome já explica, a **reencarnação** é a volta do Espírito através de novo corpo de carne, ou seja, uma outra encarnação. Através desse processo, de vidas sucessivas, o Espírito vai se aperfeiçoando, desligando-se dos laços materiais que ainda o prendem, a caminho da perfeição. Considerando o tempo de vida humana e as poucas oportunidades e possibilidades de aproveitamento de que dispomos, com vistas à nossa elevação, é óbvio que deveremos passar por muitas existências corporais, em cada uma delas aprendendo determinados aspectos da vida, sublimando nossos sentimentos, e resgatando dívidas que possamos ter contraído na caminhada. O número dessas existências vai depender de nós, do aproveitamento que tivermos nas nossas vidas sucessivas. Por isso, uns podem chegar antes que outros, porém, quando estivermos despojados de todas as nossas imperfeições, não teremos mais necessidade das provas da vida material e, depois da última encarnação, teremos alcançado a posição de **Espírito puro**.

– Parece-me uma coisa justa. Enquanto o senhor estava falando, pensava na escola, onde a gente passa por diversas séries e ciclos para alcançar, progressivamente, o título que buscamos.

– Exatamente, Pedrinho. Podemos dizer que cada nova existência é como se fosse uma nova classe de aulas, na qual deveremos aprender determinadas coisas que nos facilitarão a compreensão da classe seguinte, e assim por diante. E você disse bem ao considerá-la uma coisa justa. Sem a reencarnação, a Justiça de Deus não se explica. Se o Espírito nascesse com o corpo, e devesse viver uma só vez, naturalmente, teria um destino irrevogável, sem oportunidade de reparação de erros cometidos em vida e de aquisição dos conhecimentos que lhe faltam. Note-se que uma pessoa, às vezes, vive alguns anos apenas, enquanto outra vive quase um século. Não seria justo dar à criança, que não enfrentou as provas da vida, durante longos anos, a felicidade eterna, e dar àquele que carregou quase um século de sofrimentos e lutas, em razão de suas possíveis quedas, o suplício eterno. Se um bom pai deixa sempre aberta ao filho uma porta ao arrependimento, Deus seria inferior aos homens, se as doutrinas da unicidade das existências e das penas eternas fossem verdadeiras. Todos os Espíritos tendem à perfeição e Deus lhes fornece os meios, para alcançá-la, pelas provas da vida corporal; contudo, em sua justiça, lhes faculta realizar, em novas existências, **o que não puderam fazer ou concluir em uma primeira prova**. A doutrina da reencarnação é a única que explica a Justiça de Deus, com relação aos graus de inferioridade ou de superioridade dos Espíritos a caminho da perfeição. Sabemos que, pelo esforço próprio e pelo tempo de vida, uns caminham à frente dos outros; contudo, nos anima a certeza de que todos, um dia, chegaremos à perfeição, através das vidas sucessivas.

– Os Espíritos que, desde quando foram criados, seguiram sempre o caminho do bem, têm necessidade da encarnação? – indagou Pedrinho, inteligentemente.

– Todos os Espíritos foram criados simples e ignorantes, tendo se instruído nas lutas da vida corporal. Deus, que é justo, não poderia fazer a alguns felizes, sem dificuldades e sem trabalho e, por conseguinte, sem mérito. Aqueles que seguem sempre o caminho do bem chegam mais depressa ao objetivo e encontram menos dificuldades nas suas existências, à medida que se vão despojando da inveja, do ciúme, da avareza, da ambição, fontes dos tormentos que afligem as almas.

– O que é **alma**, papai? A **alma** e o **Espírito** são a mesma coisa?

– Sim, as **alma*s*** não são senão os Espíritos. Antes de se unir ao corpo, a alma é um dos seres inteligentes que povoam o mundo invisível, e que revestem, temporariamente, um envoltório carnal para se purificar. Mas usamos a palavra alma para nos referirmos ao Espírito encarnado.

– Existe no homem outra coisa que a alma e o corpo?

– Existe **O laço** que une a alma ao corpo, de natureza semimaterial, quer dizer, de natureza intermediária entre o corpo e o Espírito, é necessário para que se possa comunicar um com o outro. Assim, o homem é formado de três partes essenciais:

1° o **corpo** ou ser material, análogo ao dos animais, e que é animado pelo princípio vital;

2° a **alma**, Espírito encarnado, do qual o corpo é habitação;

3° o princípio intermediário ou **perispírito**, substância semimaterial que serve de **primeiro envoltório** ao Espírito e une a alma ao corpo. São, como num fruto, o germe, o perisperma e a casca. O corpo é apenas um envoltório e a alma é independente dele, sendo que, quando cessa a vida do corpo, a alma o abandona. Antes do nascimento, não há união definitiva entre a alma e o corpo; mas, depois que essa união está estabelecida, a morte do corpo rompe os laços que o unem à alma e esta o deixa. A vida orgânica, pois, pode animar um corpo sem alma, mas a alma não pode habitar um corpo privado de vida orgânica. De outra parte, um corpo sem alma não passa de ser senão mera massa de carne sem inteligência, tudo que desejarmos, menos um homem.

– O mesmo Espírito pode, ao mesmo tempo, encarnar em dois corpos diferentes? – insistiu Pedrinho.

– Não, porque o Espírito é indivisível não podendo, assim, animar dois seres distintos.

– A alma é exterior e circunda o corpo? – perguntou Carlinhos, curioso.

– A alma não está aprisionada no corpo, como o pássaro em uma gaiola. Ela irradia e se manifesta ao seu redor, como a luz através de um globo de vidro, ou como o som em torno de um centro sonoro; nesse sentido, pode-se dizer que ela é exterior, mas não é, por isso, o envoltório do corpo. A alma tem dois envoltórios: um sutil e leve, que é o primeiro, e chamamos de **perispírito**; outro grosseiro, material e pesado, que é o corpo. A alma é o centro desses envoltórios, como o germe em um núcleo. Podemos dizer que a alma está mais na cabeça, nos grandes gênios, e em todos aqueles que pensam muito, e está mais no coração, naqueles que sentem muito e dirigem suas ações a toda a Humanidade, ou seja, a sede da alma está mais particularmente nos órgãos que servem às manifestações intelectuais e morais.

– Os Espíritos conhecem a época em que deverão reencarnar? – indagou D. Lúcia que acompanhava o debate.

– Eles a pressentem, assim como um cego pressente o fogo do qual se aproxima. Sabem que devem retomar um corpo, como sabemos que deveremos morrer um dia, no entanto, sem saber quando isso se dará. Podemos dizer que a reencarnação é uma necessidade da vida espírita, como a morte é uma necessidade da vida corporal.

– Os Espíritos se preocupam com a sua encarnação?

– Isso depende de sua natureza, mais ou menos avançada. Há aqueles que ainda nem pensam nela e nem mesmo a compreendem, sendo supridos por outros Espíritos.

– Pode o Espírito aproximar ou retardar o momento de sua encarnação?-- insistiu D. Lúcia.

– Ele pode apressar esse momento pelo seu desejo, e pode retardá-lo, também, se recua diante das provas, pois entre os Espíritos também há covardes e indiferentes. Todavia, estes sofrerão como sofre aquele que recua diante de um remédio salutar que pode curá-lo. Mas o Espírito não adia indefinidamente sua reencarnação, porque o progresso é uma necessidade que ele experimenta, cedo ou tarde, uma vez que a perfeição é o seu destino.

– A união da alma com tal ou tal corpo é predestinada, ou a escolha é feita apenas no último momento? – perguntou Pedrinho, atento.

– O Espírito é sempre designado antes. Escolhendo a prova que deve suportar, o Espírito pede a encarnação. Ora, Deus que tudo sabe e tudo vê, sabe e vê antecipadamente, que tal alma se unirá a tal corpo.

– Além do gênero de vida que lhe deve servir de prova, o Espírito tem o direito de escolher o corpo no qual vai encarnar?

– Ele pode também escolher o corpo, porque as imperfeições desse corpo são provas que ajudam o seu progresso, se vence os obstáculos que nele encontra. No entanto, embora possa pedir, a escolha não depende sempre dele.

– No último momento, poderia o Espírito recusar o corpo escolhido por ele?

– Se ele recusasse, sofreria sempre mais do que aquele que não tentou nenhuma prova.

– Poderia acontecer que uma criança que deveria nascer, não encontrasse Espírito que quisesse se encarnar nela? – interrogou D. Lúcia.

– Nesse caso, Deus proveria. Desde que a criança deva nascer viável, está sempre predestinada a ter uma alma, porque nada é criado sem finalidade.

– E a união do Espírito com o corpo, pode ser imposta por Deus?

– Ela pode ser imposta, assim como as diferentes provas, sobretudo quando o Espírito não está ainda apto para fazer a escolha com conhecimento de causa. Como expiação, o Espírito pode ser constrangido a se unir ao corpo de tal criança que, pelo seu nascimento e a posição que terá no mundo, poderá vir a ser para ele um instrumento de castigo.

– Se acontecesse que vários Espíritos se apresentassem como candidatos ao mesmo corpo que deve nascer, o que decidiria entre eles? – continuou D. Lúcia.

– Vários podem pedir, mas, nesse caso, é Deus quem julga qual deles é o mais capaz para desempenhar a missão à qual a criança está destinada. Contudo, como já vimos, o Espírito é designado antes do instante em que se deve unir ao corpo.

– A incerteza em que se encontra o Espírito sobre os eventuais sucessos nas provas que vai suportar na vida, é para ele uma causa de ansiedade antes da encarnação?

– Uma ansiedade bem grande, visto que as provas de sua existência retardarão ou acelerarão seu progresso, conforme as suporte bem ou mal.

– O instante em que o Espírito deve se reencarnar é para ele um momento solene? Realiza esse ato como uma coisa grave e importante? É assistido por seus amigos? – perguntou Pedrinho que acompanhava, atento, o interrogatório desfechado por sua mãe.

– É como um viajante que embarca para uma travessia perigosa, e não sabe se encontrará a morte nas ondas que enfrenta. Se habita esferas onde reina a afeição, os Espíritos que o amam o acompanham até o último momento, encorajam-no e, freqüentemente, o seguem durante a vida. São eles que, embora com aparência desconhecida, nos visitam em sonho, testemunhando-nos afeição, como visitamos a um encarcerado.

– Em que momento a alma se une ao corpo?

– A união da alma e do corpo começa na concepção, mas não se completa senão no momento do nascimento. Desde o momento da concepção, o Espírito designado para habitar tal corpo, a ele se liga por um laço fluídico, que vai se apertando, cada vez mais, até que a criança nasça. A partir da concepção, portanto, outro Espírito não poderá substituir aquele que já está ligado ao corpo e, nesse sentido, podemos dizer que a união é definitiva, desde aquele momento.

– E se a criança não nascer? Há muitos motivos que podem determinar o fracasso de uma encarnação. Nesses casos, como fica o Espírito que estava destinado a nascer? – voltou a indagar D. Lúcia.

– Há casos de natimortos que jamais tiveram um Espírito designado para seus corpos, e que servem para expiação dos pais, chegando, às vezes, até a nascer, porém, sem chances de viver; é que a vida intra-uterina é igual à da planta que vegeta, e o homem possui em si a vida animal e a vida vegetal, que ele completa, no nascimento, pela vida espiritual. Há casos em que o Espírito, durante o processo de gestação, pode recuar e romper, ele mesmo, os laços que o ligam ao corpo, e que são débeis, e, então, a criança não vive. Às vezes, a própria imperfeição do corpo gerado impede a sua viabilidade. Não desconhecemos, por outro lado, que, exteriormente, o processo de encarnação poderá ser frustrado também pelo abortamento criminoso, no qual a mãe, ou qualquer outra pessoa, impede o nascimento da criança, assumindo graves responsabilidades diante da vida, por obstar que um Espírito use aquele corpo assassinado para ingressar na vida física, e viver a experiência que lhe estava determinada. Afora essas hipóteses temos a contingência do aborto terapêutico, no qual a criança é sacrificada para que a vida da mãe, em iminente perigo, possa ser salva, o que se justifica na premissa de que é preferível sacrificar o ser que ainda não existe, ao ser que existe. Nos casos de inviabilidade natural do corpo gerado, o Espírito dele se desliga sem maiores problemas, e aguarda a oportunidade de tomar um novo corpo, seja por sua livre escolha, quando detém merecimentos pessoais, seja por imposição de Deus, nos casos de reencarnações compulsórias.

– Entre a concepção e o nascimento, o Espírito goza de todas as suas faculdades, conservando-as ao nascer?

– Desde o instante da concepção, a perturbação começa a assenhorar-se do Espírito, advertindo-o de que é chegado o momento de tomar uma nova existência, e essa perturbação vai crescendo até o nascimento. Nesse intervalo, seu estado é um pouco semelhante ao de um Espírito encarnado, durante o sono do corpo. À medida que o nascimento se aproxima, suas idéias se apagam, assim como a lembrança do passado, do qual já não tem mais consciência como homem, uma vez entrando na vida, sendo que, no entanto, quando voltar ao seu estado de Espírito, essa lembrança lhe voltará, pouco a pouco. Depois do nascimento, as faculdades se desenvolvem, gradualmente, com os órgãos. Trata-se de uma nova existência, e é necessário que o Espírito aprenda a se servir de seus instrumentos. As idéias lhe tornam pouco a pouco, como a um homem que sai do sono e se encontra em posição diferente da que tinha na véspera.

– A união do Espírito e do corpo se consumando, completa e definitivamente, apenas depois do nascimento, pode-se considerar o feto como tendo uma alma? – insistiu D. Lúcia.

– O Espírito que deve animar o corpo já existe, de alguma forma, fora dele. Assim, propriamente falando, o corpo não tem ainda uma alma, pois a encarnação está somente em vias de se operar; contudo, o corpo já está ligado à alma que o deve possuir.

– As qualidades morais do homem provêem do Espírito nele encarnado? – perguntou Carlinhos.

– Seguramente, porque o ser moral é o Espírito, que comanda o corpo. Disso se conclui que, quanto mais seja puro o Espírito, mais o homem é guiado para o bem. O homem de bem, assim, é a encarnação de um Espírito bom, e o homem vicioso é a encarnação de um Espírito imperfeito, assim como os homens estouvados e espertalhões revelam a encarnação de Espíritos travessos e levianos. São as do Espírito, também, as qualidades intelectuais do homem.

– Por que, então, homens muito inteligentes, que revelam em si um Espírito superior, algumas vezes, ao mesmo tempo, são profundamente viciados? – emendou Pedrinho, perguntando.

– Isso ocorre porque o Espírito encarnado não é tão puro e o homem, por outro lado, cede à influência de outros Espíritos piores do que ele. O Espírito progride através de uma insensível caminhada ascendente, mas o progresso não se realiza, simultaneamente, em todos os sentidos; em uma etapa ele pode avançar em ciência, em outra, em moralidade.

– O Espírito, unindo-se ao corpo, se identifica com a matéria e exerce livremente todas as suas faculdades? – perguntou D. Lúcia, retomando o interrogatório.

– A matéria é apenas um envoltório do Espírito, como o vestuário é o envoltório do corpo. Unindo-se ao corpo, o Espírito conserva os atributos de sua natureza espiritual, contudo, o exercício de suas faculdades depende dos órgãos que lhe servem de instrumento. Mas, as suas faculdades não se manifestam livre e plenamente, pois são enfraquecidas pela grosseria da matéria, como um vidro muito opaco se opõe à emissão da luz, ou como a água lamacenta se opõe aos movimentos dos corpos nela mergulhados. E se os órgãos são os instrumentos da manifestação das faculdades da alma, estas se subordinam ao seu desenvolvimento e grau de perfeição, como a boa qualidade de um trabalho se subordina à boa qualidade da ferramenta com que é feito. Mas, é preciso não perder de vista que não são os órgãos que dão as faculdades, mas, as faculdades que conduzem ao desenvolvimento dos órgãos, embora estes lhes entravem, em parte, o exercício. Um bom músico, com um mau instrumento, não fará boa música e isso não impedirá que seja um bom músico. O Espírito tem as faculdades que lhe são próprias, e pode-se dizer que os órgãos recebem o cunho dessas faculdades.

– Então, qual a posição espiritual dos cretinos e dos idiotas?

– Eles têm uma alma, muitas vezes mais inteligente do que pensamos, e que sofre a insuficiência dos meios de que dispõe para se comunicar, do mesmo modo que o mudo, por deficiência orgânica, não pode falar. Geralmente, são Espíritos em punição, habitando corpos de idiotas e sofrendo pelo constrangimento que experimentam, e pela impossibilidade que se encontram de se manifestarem por meio de órgãos não desenvolvidos ou desarranjados. É uma expiação imposta ao abuso que fizeram de certas faculdades; pode-se dizer que é um tempo de prisão. A genialidade, às vezes, torna-se um flagelo, quando dela se abusa. Mas, no estado de Espírito, o idiota, muito freqüentemente, compreende que as cadeias que entravam seu progresso, são uma prova e uma expiação.

– E a situação do Espírito na loucura? É o corpo que está desorganizado?

– No estado de liberdade, no mundo espiritual, o Espírito recebe diretamente suas impressões e exerce diretamente sua ação sobre a matéria; quando está encarnado, porém, encontra-se em condições muito diferentes e na contingência de só o fazer com a ajuda de órgãos especiais. Desde que uma parte, ou o conjunto desses órgãos seja alterada, sua ação ou suas impressões, naquilo que concerne a esses órgãos, ficam interrompidas. Se ele perde os olhos, torna-se cego; se perde o ouvido, torna-se surdo, etc. Imaginemos agora que o órgão que preside aos efeitos da inteligência e da vontade seja parcial ou inteiramente atacado ou modificado e nos será fácil compreender que o Espírito, tendo ao seu serviço apenas órgãos incompletos ou desnaturados, deve lhe resultar uma perturbação, da qual, por si mesmo e no seu foro íntimo, tem perfeita consciência mas não é senhor para deter o curso. Contudo, é preciso não perder de vista que, embora seja sempre o corpo que está desorganizado, do mesmo modo que o Espírito atua sobre a matéria, esta reage sobre ele, em certa medida, e que o Espírito pode se encontrar momentaneamente impressionado pela alteração dos órgãos pelos quais se manifesta e recebe suas impressões. Pode acontecer que, com o tempo, quando a loucura durar bastante, a repetição dos mesmos atos acabe por ter sobre o Espírito uma influência, da qual não se livra senão depois de sua completa separação de todas as impressões materiais, ainda mesmo depois da morte, até que esteja completamente desligado da matéria, como o homem que acorda, se ressente algum tempo da perturbação em que o sono o mergulha.

– Por que a alteração do cérebro pode reagir sobre o Espírito depois da morte?

– Um peso oprime o Espírito e, como ele não teve conhecimento de tudo o que se passou durante sua loucura, precisa de um certo tempo para se por ao corrente, para se lembrar. É por isso que, quanto mais durar a loucura durante a vida, muito mais tempo durará a opressão, o constrangimento depois da morte. O Espírito, liberto do corpo, se ressente, algum tempo, da impressão de seus laços.

– Papai, por qual motivo a loucura, algumas vezes, leva ao suicídio? – indagou Pedrinho com ar de preocupação e tristeza.

– Por sofrer com o constrangimento que experimenta e com a impossibilidade, em que se encontra, de se manifestar livremente, o Espírito busca, na morte, um meio de romper seus laços.

– O Espírito que anima o corpo de uma criança é tão desenvolvido como o do adulto? Pondo-se de lado o obstáculo que a imperfeição dos órgãos opõe à sua livre manifestação, ele pensa como criança ou como um adulto? – perguntou Carlinhos, desviando o fio das perguntas, que lhe pareciam desagradáveis.

– Se mais progrediu, o Espírito de uma criança pode ser mais desenvolvido do que o do adulto. Ela apenas depende da perfeição de seus órgãos para se manifestar. Quando criança, é natural que o indivíduo não tenha os órgãos da inteligência bastante desenvolvidos para ter a intuição do adulto. Enquanto a idade não fizer amadurecer sua razão, ele terá a inteligência muito limitada. A perturbação que acompanha a reencarnação não cessa, subitamente, no momento de nascer, mas só gradualmente, com o desenvolvimento dos órgãos. Por isso mesmo, os sonhos de uma criança não têm o mesmo caráter dos sonhos do adulto, sendo seu objeto, geralmente, pueril, indicando a natureza das preocupações do Espírito. Mas a imperfeição dos órgãos, e a perturbação conseqüente, são necessidades naturais, adotadas pela Providência, que não impõe qualquer sofrimento ao Espírito.

– Morrendo a criança, o Espírito retoma imediatamente o seu vigor anterior à encarnação?

– Deve retomá-lo, pois está desembaraçado do seu envoltório carnal, mas, não adquire sua lucidez anterior senão quando a separação for completa, isto é, quando não exista mais nenhum laço entre o Espírito e o corpo.

– Já observei que, a uma certa idade e principalmente ao sair da adolescência, se opera mudança no caráter. De onde provém essa mudança? é o Espírito que se modifica? – indagou D. Lúcia que acompanhava, séria, as perguntas dos filhos.

– É o Espírito que retoma a sua natureza e se mostra como era. Não conhecemos os segredos que se escondem na chamada inocência das crianças; não sabemos o que são, o que foram e o que serão e, assim mesmo, as amamos, querendo-as como se fossem parte de nós mesmos, a tal ponto que o amor de uma mãe por seus fihos é considerado o maior amor que um ser pode ter por outro. Os Espíritos explicaram a Allan Kardec de onde vem essa afeição, essa terna benevolência que mesmo os estranhos experimentam diante de uma criança. As crianças – disseram eles – são os seres que Deus envia em nossas existências, e para que não se lhes possa impor uma severidade muito grande, dá-lhes todas as aparências da inocência. Mesmo para uma criança naturalmente má, cobrem-se suas faltas com a não-consciência dos seus atos. Essa inocência não é uma superioridade real sobre o que eram antes, e sim a imagem do que deveriam ser. Mas não é somente por elas que Deus lhes dá esse aspecto: é também, e sobretudo, por seus pais, de cujo amor sua fraqueza necessita. Esse amor seria singularmente enfraquecido à vista de um caráter impertinente e rude, enquanto que, crendo seus filhos bons e dóceis, dão-lhes toda a sua afeição e os cumulam de atenções, as mais delicadas. Mas, logo que os filhos não têm mais necessidade dessa proteção, dessa assistência que lhes deram durante quinze ou vinte anos, seu caráter real e individual reaparece em toda a sua nudez. Conservam-se bons se eram fundamentalmente bons, mas se revestem sempre de matizes que estiveram ocultos pela primeira infância. Vemos que os caminhos de Deus são sempre os melhores e, quando se tem puro o coração, a explicação é facilmente concebida. Com efeito, imaginemos que o Espírito das crianças, que nascem entre nós, pode vir de um outro mundo onde tomou hábitos muito diferentes. Como querermos que permaneça em nosso meio esse novo ser que vem com paixões diferentes das que possuímos, com inclinações e gostos inteiramente opostos aos nossos? Como queremos que ele se incorpore em nossas fileiras de forma diferente daquela que Deus quis, quer dizer, pela peneira da infância? Aí se confundem todos os pensamentos, todos os caracteres, todas as **variedades de seres** engendrados por essa multidão de mundos, nos quais crescem as criaturas. Nós mesmos, em morrendo, encontraremos uma espécie de infância entre novos irmãos e, na nossa nova existência, não terrestre, ignoramos os hábitos, os costumes e as relações desse novo mundo para conosco. Manejaremos com dificuldade uma língua que não estamos habituados a falar, língua mais viva do que é hoje o nosso pensamento. Mas a infância tem outra utilidade: os Espíritos não entram na vida corporal senão para se aperfeiçoar, se melhorar, e as fraquezas da pouca idade os torna flexíveis, acessíveis aos conselhos da experiência e daqueles que os devem fazer progredir. É quando se pode formar seu caráter e reprimir suas más inclinações, sendo esse o dever que Deus confiou aos pais, missão sagrada, pela qual deverão responder. Por isso, a infância não é somente útil, necessária e indispensável, mas a conseqüência natural das leis que Deus estabeleceu e que regem o Universo.

– O problema da simpatia e da antipatia terrena, às vezes sem explicação plausível, decorre do nosso relacionamento em vidas anteriores? Dois Espíritos que já viveram juntos no passado, se reconhecem e se buscam nesta existência? – quis saber Pedrinho.

– Há, entre os seres pensantes, laços que não conhecemos ainda, e que, com a ajuda do estudo do Magnetismo conheceremos mais tarde. Dois Espíritos que se conhecem e se amam, poderão encontrar-se em uma existência corporal, e, embora não se reconheçam, sentir-se-ão atraídos um para o outro. Dois seres se aproximam, um do outro, por circunstâncias aparentemente fortuitas, mas que são o fato da atração de dois Espíritos que se buscam na multidão em razão de ligações íntimas, fundadas sobre uma afeição sincera. A lembrança de existências passadas não lhes faz falta, e poderia trazer inconvenientes que mal suspeitamos, mas é certo que, depois da morte, se reconhecerão e saberão o tempo que passaram juntos. Mas, embora não se tenham conhecido como homens, dois Espíritos que se querem, se procuram naturalmente. As mesmas regras valem no caso oposto, da antipatia, quando dois Espíritos se adivinham e se reconhecem sem se falarem, valendo assimilar que não são necessariamente maus, porque a antipatia pode nascer da dessemelhança na maneira de pensar, circunstância que desaparece, à medida que se elevam.

– A antipatia entre duas pessoas nasce, em primeiro lugar, naquele que tem o espírito pior ou melhor? – indagou Carlinhos, que seguia os esclarecimentos do pai, com interesse.

– Em um e outro, porém, as causas e os efeitos são diferentes. Um Espírito mau tem antipatia contra qualquer um que o possa julgar e desmascarar: vendo uma pessoa pela primeira vez, ele sabe que vai ser desaprovado. Seu afastamento se transforma em ódio, em ciúme, e lhe inspira o desejo de fazer o mal. O bom Espírito não importuna o mau, porque sabe que não será compreendido e que não partilham os mesmos sentimentos; porém, seguro de sua superioridade, não tem contra o outro nem ódio, nem ciúme, contentando-se em evitá-lo e lastimá-lo.

– Se o Espírito encarnado perde a lembrança do passado, de que maneira pode o homem ser responsável por atos e resgatar faltas de que não se lembra? Como pode aproveitar a experiência adquirida nas existências caídas no esquecimento? Conceber-se-ia que as tribulações da vida fossem uma lição para ele, se lembrasse do que as originou; mas do momento em que não se lembra, cada existência é, para ele, como se fosse a primeira e está, assim, sempre a recomeçar. Como conciliar isso com a justiça de Deus? – perguntou D Lúcia, tentando aprofundar o tema.

– O homem não pode nem deve tudo saber; Deus o quer assim em sua sabedoria. Sem o véu que lhe cobre certas coisas, ficaria deslumbrado, como aquele que passa, sem transição, da obscuridade à luz. Pelo esquecimento do passado, é mais **ele mesmo**. De fato, a lembrança de nossas existências anteriores teria inconvenientes muito graves e poderia, em certos casos, nos humilhar extraordinariamente; em outros, exaltar o orgulho, e, por isso mesmo, entravar o nosso livre arbítrio. De outra parte, se tivéssemos a lembrança de nossos atos pessoais anteriores, teríamos igualmente dos atos dos outros e esse conhecimento poderia ter os mais deploráveis efeitos sobre as relações sociais. A cada nova existência, o homem tem mais inteligência e pode melhor distinguir o bem e o mal. Onde estaria o mérito, se se lembrasse de todo o seu passado? Quando o Espírito volta à sua vida primitiva (a vida espírita), toda a sua vida passada se desenrola diante dele: vê as faltas que cometeu, que são causa de seu sofrimento, e o que o poderia impedir de cometê-las. Compreende que a posição que lhe é dada é justa e procura, então, a existência que poderá reparar aquela que vem de se escoar. Procura provas análogas àquelas pelas quais passou, ou lutas que crê adequadas para o seu adiantamento, pedindo aos Espíritos, que lhe são superiores, para ajudá-lo nessa nova tarefa que empreende, porque sabe que o Espírito que lhe será dado por guia, nessa nova existência, procurará fazê-lo reparar suas faltas, dando-lhe uma espécie de intuição das que cometeu. Essa mesma intuição é o pensamento, o desejo criminoso que nos vem freqüentemente, e ao qual resistimos instintivamente, atribuindo nossa resistência, no mais das vezes, aos princípios que recebemos de nossos pais. Mas é a voz da consciência que nos fala, e essa voz é a lembrança do passado, voz que nos adverte para não recairmos nas faltas que já cometemos. Cada um de nós é punido por aquilo que pecou, e, sem que seja preciso fazer disso uma regra absoluta, as vicissitudes da vida corporal e as tendências instintivas são indicadores a nos sugerirem a natureza das nossas vidas passadas, embora se deva levar em conta o progresso que o Espírito pode ter logrado, e as resoluções que tomou, no estado errante. Também o esquecimento do passado não é uma regra absoluta, porque há pessoas que sabem o que foram e o que fizeram, assim como há outras que, em sonho, revêem certos fatos do passado.

– Nos mundos mais avançados do que o nosso, onde os homens não estão premidos por todas as nossas necessidades físicas e as enfermidades, eles compreendem que são mais felizes do que nós? A felicidade, em geral, é relativa e sentimo-la por comparação com um estado menos venturoso. Visto que, em definitivo, alguns desses mundos, ainda que melhores do que o nosso, não estão no estado de perfeição, os homens que o habitam devem ter seu gênero de motivos de aborrecimentos. Entre nós, o rico não tem as angústias das necessidades materiais como o pobre, mas, nem por isso deixa de ter outras tribulações que tornam sua vida amarga. Ora, eu pergunto se, na sua posição, os habitantes desses mundos se crêem mais infelizes do que nós e se não lamentam sua sorte, não tendo a lembrança de uma existência anterior para comparação? – insistiu D. Lúcia.

– No caso é necessário dar duas respostas diferentes. Há mundos, dentre aqueles de que fala, cujos habitantes têm uma lembrança muito clara e muito precisa de suas existências passadas. À medida que o corpo é menos material, lembra-se melhor. Por isso, a lembrança do passado é melhor para aqueles que habitam os mundos de uma ordem superior. Esses, você o compreende, podem e sabem apreciar a felicidade que Deus lhes permite saborear. Mas existem outros mundos, onde os habitantes, como você disse, colocados em melhores condições do que nós, não têm menos aborrecimentos, e mesmo infelicidade, sendo certo que esses não apreciam sua felicidade pelo fato mesmo de que não têm lembranças de um estado mais infeliz. Mas, se não a apreciam como homens, apreciam-na como Espíritos. De outra parte, ainda aqui, a natureza das vicissitudes e das provas que suportam, podem esclarecer sobre o que foram e o que fizeram, como neste mundo julgamos os fatos de um culpado pelos castigos que a lei lhe inflige.

Calou-se Augusto, e porque a hora ia avançada, pediu a Pedrinho que proferisse a prece de encerramento da reunião, agradecendo a Jesus e aos bons Espíritos pela oportunidade, que tiveram, de conhecer ensinamentos tão maravilhosos.

VI – Pluralidade das Existências

Aberta a reunião da noite, com sentida prece proferida por Augusto, Carlinhos foi convidado a abrir **O Evangelho Segundo o Espiritismo** e a leitura, assim eleita, foi a matéria constante do capítulo III, números 3, 4 e 5, versando sobre as diversas categorias de mundos habitados.

Trata-se de assunto já anteriormente abordado, em seu conteúdo específico, o que permitiu aos familiares alguns minutos de considerações sobre o tema.

– Augusto – interviu D. Lúcia em determinado instante, procurando dinamizar os debates – na reunião passada, falávamos da questão das vidas sucessivas, e você disse que teremos encarnações neste ou em outros mundos. Por ventura, não viveremos na Terra até alcançarmos a perfeição?

– Não. As encarnações que já vivemos na Terra, não foram as primeiras, nem serão as últimas. Aliás, nosso globo é um dos mais materiais e distanciados da perfeição. O Espírito reviverá muitas vezes no mesmo mundo, até que tenha avançado bastante para passar a um mundo superior. Poderemos, também, nos encarnarmos em planetas do mesmo nível evolutivo e sobre a Terra, porque todos os mundos são solidários. Por isso que, entre nós, há Espíritos que estão pela primeira vez, e em diversos graus. Na verdade, o que não se aprende em um mundo, se aprende em outro, e não estamos obrigados a percorrer todos os mundos do Universo, porque há muitíssimos no mesmo estágio de perfeição, nos quais os Espíritos não aprenderiam nada de novo. Se renascemos muitas vezes sobre um mesmo globo, é para que, a cada vez, encontremo-nos em posições diferentes, que são outras tantas oportunidades de adquirirmos experiência.

– Papai! os Espíritos podem reviver corporalmente em um mundo relativamente inferior àquele em que já viveram? – perguntou Carlinhos, interrompendo a explanação de Augusto.

– Claro, meu filho, quando tenham que cumprir aí uma missão, para ajudar o seu progresso e, nesse caso, aceitam com alegria as dificuldades dessa existência, porque lhes fornece um poderoso meio de progredirem. Os Espíritos voltam a um mundo inferior, por punição; eles podem permanecer estacionários mas não retrogradam, sendo a sua pena a de não avança rem e de recomeçarem as existências mal empregadas em um meio conveniente à sua natureza. Estão nesse caso os que faliram em suas missões ou em suas provas.

– Passando deste mundo para outro, o Espírito vai viver entre outros no mesmo grau de evolução, conservando sua inteligência e tomando corpo semelhante ao nosso? – perguntou Pedrinho.

– Como ocorre sobre a Terra, num mundo há sempre Espíritos em graus diferentes de evolução. Quanto à inteligência, o Espírito não a perde, mas pode encontrar dificuldades em manifestá-la, dependendo isso da sua superioridade e das condições do corpo que tomar, do qual sempre terá necessidade, uma vez que precisa estar revestido de matéria para poder agir sobre a matéria. Mas esse envoltório será mais ou menos material de acordo com o grau de pureza a que chegaram os Espíritos, e é isso que diferencia os mundos que devemos percorrer.

– Os Espíritos não poderiam nos informar, com exatidão, o estado físico e moral dos diferentes mundos? – insistiu Pedrinho.

– Os Espíritos disseram a Allan Kardec que só poderiam responder de acordo com o grau de adiantamento em que a Humanidade se achava, não devendo revelar essas coisas a todos, porque nem todos estavam em condições de compreendê-las, podendo ocorrer perturbações. Mas o Codificador, usando o raciocínio lógico, e seus conhecimentos, assinala que, à medida que o Espírito se purifica, o corpo que ele reveste se aproxima igualmente da natureza espírita. A matéria é menos densa, não rastejam mais, penosamente, na superfície do solo, as necessidades físicas são menos grosseiras e os seres vivos não têm mais necessidade de se entre devorarem para se nutrirem. O Espírito é mais livre e tem, para as coisas distantes, percepções que nos são desconhecidas, vendo pelos olhos do corpo o que podemos ver apenas pelo pensamento. A purificação dos Espíritos reflete-se na perfeição moral dos seres em que estão encarnados. As paixões animais enfraquecem e o egoísmo cede lugar ao sentimento de fraternidade, e, por isso mesmo, nos mundos superiores à Terra, as guerras são desconhecidas, os ódios e as discórdias não têm sentido, uma vez que ninguém se preocupa em causar dano ao seu semelhante. A intuição que seus habitantes têm do futuro, a segurança que lhes dá uma consciência isenta de remorsos, fazem com que a morte não lhes cause nenhuma apreensão, recebendo-a sem medo, como uma simples transformação. Por outro lado, a duração da vida nos diferentes mundos parece ser proporcional ao grau de superioridade física e moral desses mundos, sendo isto perfeitamente racional, porque, quanto menos o corpo for material, menos estará sujeito às vicissitudes que o desorganizam, quanto mais puro o Espírito, menos paixões haverá para destrui-lo.

– Que maravilha, papai! Nesses mundos há infância? – apontou Alice, que permanecera quieta, porém, atenta, todo o tempo.

– A infância é uma transição necessária no processo de encarnação, porém, nos mundos superiores, não deve ser tão precária como entre nós. Um Espírito evocado por Allan Kardec, e que estava encarnado em outro mundo, informou que, tendo vivido o equivalente a seis meses terrestres, já sua inteligência tinha se desenvolvido, como se tivesse trinta anos na Terra.

– O Espírito pode escolher o mundo em que vai encarnar?

– Às vezes, se tiver méritos para isso, sua escolha pode ser homologada, uma vez que os mundos são acessíveis aos Espíritos, de acordo com o seu grau de elevação. Caso contrário, se ele não tiver méritos para ser atendido, ou nada pedir, o seu grau de elevação é que vai determinar o mundo onde deve encarnar.

– Em cada mundo, as condições físicas e morais dos seres vivos, perpetuamente, são sempre as mesmas? – perguntou Pedrinho.

– Não, porque a lei do progresso vige por toda parte. Todos começaram por um estado inferior, igual ao nosso. A própria Terra experimentará uma transformação semelhante, tornando-se um paraíso terrestre, quando os homens se tornarem bons.

– E os Espíritos puros, que espécie de corpo habitam? – indagou D. Lúcia vivamente interessada.

– Há mundos em que o Espírito, cessando de habitar corpos materiais, só tem por envoltório o perispírito que, ele mesmo, torna-se tão etéreo, como se não existisse para nós. É o estado dos Espíritos puros, que habitam certos mundos, mas não estão confinados neles como os homens na Terra. Eles podem ir por toda parte, e como a substância do perispírito não é a mesma em todos os mundos, passando de um mundo para outro, eles se revestem da matéria desse mundo, na velocidade de um relâmpago.

– Qual é o estado do Espírito em sua primeira encarnação? Desde o princípio goza da plenitude de suas faculdades?

– O estado de infância na existência corpórea. A sua inteligência apenas desabrocha, ensaiando para a vida. Não é senão pouco a pouco que a inteligência se desenvolve e, em sua origem, os Espíritos não têm mais do que uma existência instintiva, possuindo apenas a consciência de si mesmos e de seus atos. As almas dos nossos selvagens, por exemplo, são almas em estado de infância relativa, porque têm paixões, evidenciando que já progrediram.

– Quer dizer, então, que as paixões são sinal de desenvolvimento?

– De desenvolvimento sim, mas não de perfeição. As paixões são um sinal de atividade e da consciência do eu, enquanto que, na alma primitiva, a inteligência e a vida estão em estado de germe. A vida do Espírito se compõe de uma série de existências corporais, sendo cada uma, para ele, uma oportunidade de progresso, da mesma forma que uma existência corporal se compõe de uma série de dias em cada um dos quais o homem adquire um acréscimo de experiências e de instrução.

– É possível, desde esta vida, por uma conduta perfeita, sem passar pelos graus intermediários, superar todos os graus e se tornar Espírito puro?

– Não, pois o que o homem acredita ser perfeito está longe da perfeição, já que há qualidades que lhe são desconhecidas e que ele não pode compreender. Ele pode ser tão perfeito quanto lhe permita a sua natureza terrestre, porém, isso não é a perfeição absoluta. Aliás, o Espírito deve avançar em ciência e moralidade, e se progride num sentido, é necessário que progrida também no outro, para alcançar o alto da escala. Todavia, quanto mais o homem avança na vida atual, menos longas e penosas serão as provas das existências seguintes.

– Na existência seguinte, um homem pode descer mais baixo do que na atual? Pode, por exemplo, sendo hoje um homem de bem, vir a animar o corpo de um homem perverso?

– A marcha dos Espíritos é progressiva, jamais retrógrada. Eles se elevam gradualmente na hierarquia, não descem da categoria que já alcançaram. Nas suas diferentes existências corporais, podem descer como homens, mas não como Espíritos. Assim, a alma de um potentado da Terra pode, mais tarde, animar o mais modesto operário e vice-versa, porque as posições entre os homens, freqüentemente, estão na razão inversa da elevação dos sentimentos morais: Herodes era rei, Jesus, carpinteiro.

– Se os Espíritos, para se melhorarem, necessitam enfrentar as tribulações da vida corporal, segue-se que esta é uma espécie de **cadinho**, de **depurador**, pelo qual devem passar os seres do mundo espiritual para atingir a perfeição? O corpo é que influi sobre o Espírito para melhorá-lo ou o Espírito que influi sobre o corpo?

– Sim, eles se melhoram nas provas da vida corporal, sem que, com isso, seja porque o corpo influi sobre o Espírito, porque o Espírito é que é tudo, enquanto o corpo é uma simples veste, que apodrece. Eles se melhoram, evitando o mal e praticando o bem, mas é só depois de várias encarnações ou **depurações** sucessivas, num tempo mais ou menos longo, e segundo seus esforços, que atingem a perfeição.

– E quando o Espírito encarnado é alcançado pela morte na infância, sem que tenha podido fazer o bem ou o mal, que devemos pensar do seu aproveitamento, da sua situação e do seu futuro? – perguntou Carlinhos, acompanhando os debates.

– A duração da vida de uma criança, para o Espírito que está nela encarnado, no mais das vezes, é o complemento de uma existência interrompida antes do seu tempo marcado, e a sua morte, quase sempre, uma expiação para os pais. Quanto à sua posição espiritual, pode ser um Espírito que já progrediu muito, estando mesmo à frente de seus pais, como pode ser um Espírito ainda atrasado, e essas diferenças já são notadas nas crianças, nos primeiros anos de vida, pela sua índole, pela manifestação espontânea de suas tendências. De qualquer forma, não sendo um Espírito que alcançou a pureza que a Terra pode propiciar, deverá recomeçar em uma nova existência.

– Quanto aos problemas dos sexos, o que nos dizem os Espíritos? – arriscou D. Lúcia, abordando problema tão delicado.

– Os Espíritos podem se encarnar como homem ou como mulher, dependendo do tipo de prova que devem suportar. Como devem progredir em tudo, cada sexo, como cada posição social, lhes oferece provas e deveres especiais, além da oportunidade de adquirir experiência. Aquele que fosse sempre homem, saberia apenas o que sabem os homens. Assim, os Espíritos não têm sexo, como o entendemos, pois, este depende do organismo no qual se encarnam. Entre eles há amor e simpatia, baseados na identidade de sentimentos.

– Sabe, papai – disse Pedrinho – estava pensando no problema da parentela. Uma vez que já vivemos várias existências, e em cada uma delas estivemos integrados em uma família, isso quer dizer que a nossa parentela é muito maior do que a atual, mas não nos lembramos das outras pessoas. É assim mesmo? A reencarnação, nesse caso, não prejudica os laços de parentesco?

– Pela doutrina da reencarnação, a sucessão das existências corporais estabelece, entre os Espíritos, laços que remontam às existências anteriores. Desse fato decorrem, muitas vezes, as causas de simpatia entre nós e certos Espíritos que nos parecem estranhos. Mas, em verdade, isso não destrói os laços de família. Estando a parentela baseada sobre as afeições anteriores, os liames que unem os membros de uma família são menos precários. De outra parte, se nos aumentam os deveres de fraternidade, uma vez que sabemos poder se encontrar, entre nossos vizinhos ou entre nossos servidores, um Espírito que esteve ligado a nós pelos laços consangüíneos.

– Os pais, freqüentemente, transmitem aos filhos uma semelhança física; mas, às vezes, se vê muita semelhança moral entre filhos e pais. Os pais transmitem também uma semelhança moral?

– O corpo procede do corpo, mas o Espírito não procede do Espírito. Entre os descendentes há apenas consangüinidade. Ocorre que, geralmente, trata-se de Espíritos simpáticos, atraídos por suas tendências.

– Nesse caso, por que as boas qualidades dos pais não atraem sempre, por simpatia, um bom Espírito para animar seu filho?

– É que um mau Espírito pode pedir pais bons, na esperança de que seus conselhos o encaminhem para uma senda melhor e, freqüentemente, Deus o concede. De outra parte, os maus filhos são uma prova para os pais, cuja tarefa é melhorar o Espírito do filho a que deram nascimento. Se falharem, serão culpados.

– A semelhança de caráter que existe, muitas vezes, entre dois irmãos, sobretudo gêmeos, resulta de serem Espíritos simpáticos que se aproximam pela semelhança de seus sentimentos? – perguntou D. Lúcia.

– Sim, e são felizes por estarem juntos. Mas não é uma regra que os gêmeos sejam sempre Espíritos simpáticos, pois, às vezes, se nota aversão entre eles. É que maus Espíritos podem querer lutar, juntos, no teatro da vida.

– Cada povo tem um caráter que o distingue dos demais. De onde provém essa distinção?

– Um povo é uma grande família na qual se reúnem os Espíritos que simpatizam entre si. A tendência que têm os membros dessas famílias a se unirem, é a origem da semelhança que existe no caráter distintivo de cada povo. Espíritos bons e humanitários não procuram um povo duro e grosseiro. Os Espíritos simpatizam com as coletividades, como simpatizam com os indivíduos e assim buscam seu meio.

– O homem conserva, em suas novas existências, os traços dos caracteres morais de suas existências anteriores?

– Isso pode acontecer. Mas, em se melhorando, o homem muda. Se mudou, por exemplo, sua posição social, e de senhor passou a escravo, os seus gostos serão diferentes, e dificilmente seria reconhecido. Sendo o mesmo Espírito, em diversas encarnações, de uma para a outra, suas manifestações podem ter certas analogias, modificadas, no entanto, pelos costumes de sua nova posição, até que um aperfeiçoamento notável venha a mudar completamente o seu caráter. De orgulhoso e mau, pode tornar-se humilde e humano, se se arrependeu.

– E os caracteres físicos, são conservados? – atalhou Carlinhos, curioso.

– O nosso corpo nenhuma relação tem com o antigo, que foi destruído, e uma semelhança física seria apenas fortuita.

– E os conhecimentos que adquiriu, assim como as percepções que teve, nas existências anteriores, o Espírito encarnado deles conserva algum traço? – quis saber Pedrinho.

– Os conhecimentos adquiridos em cada existência não se perdem. Liberto da matéria, o Espírito os conserva. Durante a encarnação, pode esquecê-los em parte, momentaneamente, mas a intuição que deles guarda ajuda o seu progresso. Resta-lhe, assim, uma vaga lembrança, que lhe dá o que chamamos de **idéias inatas**. Sem isso, deveria sempre recomeçar. O Espírito parte, em cada nova existência, do ponto em que chegou na existência anterior. Isso explica a origem de certas faculdades extraordinárias de indivíduos que, sem estudo prévio, parecem ter a intuição de certos conhecimentos, como as línguas, os cálculos, etc. O corpo muda, mas o Espírito não muda, embora troque de vestimenta.

– Entre duas existências sucessivas, deve haver uma grande conexão, não é verdade?

– Nem sempre tão grande como se poderia supor, porque as posições, freqüentemente, são bem diferentes e, no intervalo, o Espírito pode ter progredido. Além disso, em mudando de corpo, o Espírito pode perder certas faculdades intelectuais se com elas conspirou ou se fez delas mau uso. De outra parte, uma faculdade poderá permanecer adormecida em uma existência, porque o Espírito veio para exercitar outra que com ela não tem qualquer relação.

– Seria a uma lembrança do passado que o homem deve, mesmo no estado selvagem, o sentimento instintivo da existência de Deus e o pressentimento da vida futura, assim como os povos registraram certas crenças relativas à Doutrina Espírita?

– São lembranças que ele conserva do que sabia como Espírito antes de encarnar; só que, às vezes, são sufocadas pelo orgulho e pela ignorância.

– A doutrina da reencarnação me parece muito lógica, e me admira muito os filósofos não a terem concebido, vindo a surgir, ao que parece, com o Espiritismo há pouco mais de um século. Como se explica isso, Augusto? – indagou D. Lúcia, algo emocionada.

– Na verdade, a própria Doutrina Espírita não é invenção moderna, pois, decorrendo de uma lei natural, o Espiritismo deve existir desde a origem dos tempos, encontrando-se traços dele desde a mais alta antiguidade. Em tal caso, está a doutrina da reencarnação.

Pitágoras tratou do assunto da metempsicose, mas sabemos que tomou as idéias dos filósofos indianos e dos meios egípcios, onde existiu, desde tempos imemoriais. A idéia de transmigração das almas era uma crença comum, admitida pelos homens mais eminentes. Por qual meio chegou até eles? Pela revelação? Pela intuição? Não sabemos, porém, qualquer que seja, uma idéia não atravessa os tempos e é aceita por inteligências destacadas, sem que tenha algo de sério. Mas há, entre a metempsicose dos antigos e a doutrina moderna da reencarnação, esta grande diferença que os Espíritos rejeitam de maneira absoluta: a transmigração da alma do homem para os animais e dos animais para o homem.

Ensinando a doutrina da pluralidade das existências corporais, os Espíritos, pois, renovam uma doutrina que nasceu nas primeiras idades do mundo, e que se conservou até nosso dias, no pensamento íntimo de muitas pessoas. Na verdade, apresentam-na apenas sob um ponto de vista mais racional, mais de acordo com as leis progressivas da Natureza e mais em harmonia com a sabedoria do Criador, despojada dos acessórios da superstição.

– O que é metempsicose, papai? – perguntou Carlinhos procurando entender melhor a questão.

– Metempsicose quer dizer **transmigração das almas de um para outro corpo**. Mas os antigos, que adotavam essa teoria, acreditavam que as almas, além de passarem para outro corpo humano, poderiam tomar também corpos de animais e vice-versa. Se o Espírito pudesse se encarnar no corpo de um animal, ele estaria regredindo, voltando da racionalidade e da moralidade para a animalidade. Nisso difere da metem psicose a doutrina da reencarnação, ensinada pelos Espíritos, pois estes negam a possibilidade de o Espírito regredir do progresso já alcançado. A nossa evolução é progressiva. Do ponto de vista espiritual, na nossa próxima reencarnação, partiremos da situação que sairmos desta. Podemos estacionar, porém, jamais regredir.

Depois de pequena pausa, e porque a hora avançava o horário habitual, Augusto convidou os familiares à prece de encerramento e, proferida esta, deu-se por finda a reunião da noite.

VII – Alargando Conhecimentos

Já se preparavam, os familiares de Augusto, para iniciarem a reunião da noite, do Culto do Evangelho no Lar, quando chegou Otávio, que se fazia acompanhar de um casal jovem e simpático.

Depois das apresentações protocolares, Otávio explicou que se tratava de João Paulo e Mariana, amigos a quem visitava naquela noite, e que moravam na vizinhança. Tendo se referido, a eles, a respeito da reunião que a família estava promovendo, de pronto se interessaram em conhecer e participar, se possível.

Por isso, os trouxera e estava pedindo por eles.

O contentamento foi geral. Os nossos amigos irradiavam simpatia e tranqüilidade. Em breves momentos a conversação burburinhou na sala, dando a impressão de reencontro de velhos conhecidos.

Mariana lamentava por não ter iniciado os estudos junto com os familiares de Augusto, quando Pedrinho se adiantou, informando que mantinham gravadas, em fitas, todas as reuniões e que, com muito prazer, poderiam emprestá-las ao casal, a fim de se colocarem a par das matérias estudadas, providência que foi aceita com grande alegria.

Iniciada a reunião, com sentida prece proferida por D. Lúcia, Augusto abriu **O Evangelho Segundo o Espiritismo**, ao acaso, tendo se fixado na lição "Causas anteriores das aflições", à página n° 73, lendo integralmente os números 6 e 7, que fazem referência à Justiça Divina, na distribuição das cotas de expiação de cada um, na proporção das faltas cometidas, inclusive em existências passadas, estas condicionando as encarnações seguintes.

Depois de relembrarem, nos debates, o que haviam aprendido a respeito da doutrina das vidas sucessivas, para entenderem a matéria em estudo na noite, porque, em dado momento, todos se aquietassem, como se o assunto estivesse esgotado, Otávio, delicadamente, se pôs à disposição de Augusto e seus familiares, para tentar os esclarecimentos que julgassem necessários.

Foi D. Lúcia quem tomou a iniciativa.

– Aprendemos que, no homem, existem três coisas, a saber: o **corpo**, a **alma** que o habita, e o **perispírito**, envoltório semimaterial que une a alma ao corpo. Contudo, confesso que não sou capaz de conceber como seja o perispírito, como pode fazer essa ligação alma-corpo e como se porta ele na encarnação. Você, Otávio, que conhece melhor o assunto, poderia nos dar maiores esclarecimentos?

– Parabéns, D. Lúcia! A senhora tocou uma questão fundamental para a compreensão de nossa vida nos dois planos de existência. O perispírito, além de ser simples **envoltório**, é um organismo delicado, onde se gravam e se estruturam os desvios e as conquistas das almas, à maneira de uma **ficha**, rigorosamente anotada, com o fim de condicionar-nos, com inteira justiça, o **dia de amanhã**. Como já tivemos ocasião de considerar, em sua feição morfológica, o corpo espiritual, ou perispírito, é de natureza plástica, podendo assumir formas as mais diversas, ao influxo da nossa vontade, se já somos senhores de nós mesmos, ou sob a coação hipnótica de outras vontades que, pelo seu poder e pelas circunstâncias, se impõem sobre a nossa. Mesmo quando alcança o estado de **pureza**, o Espírito conserva o perispírito, conquanto a matéria desse envoltório seja tão sutil que, para nós, é como se não existisse. Os Espíritos Superiores podem se apresentar sob a forma que desejem, mostrando-se com a fisionomia da última encarnação ou de encarnações passadas, e mesmo sob formas não humanas, tais como de uma cruz, de uma pomba, e de outros símbolos, como podem, também, apresentar-se com a fisionomia de outros Espíritos, a fim de representá-los. Vocês estão se iniciando no Espiritismo, e ainda nada sabem sobre as sessões práticas. No futuro, vão ouvir dizer de Espíritos que se comunicam, na mesma hora, em quase todos os Centros Espíritas do país, tais como Bezerra de Menezes, Eurípedes Barsanulfo e outros. Na verdade, são falanges de Espíritos, do mesmo grau de elevação e integrados no mesmo trabalho que, com a aquiescência do titular do nome e da fisionomia, se apresentam como se todos fossem um só, manifestando-se, ao mesmo tempo, em muitos lugares, os mais distantes. No outro extremo, no caso de Espíritos muito imperfeitos, que não têm o domínio do próprio campo mental, o seu perispírito tem a forma da última encarnação. Quando o Espírito deixa a matéria, com grandes problemas de culpa, pode cair nas garras de Espíritos perversos ou vingativos, que lhe impõem formas animalescas. A propósito, no livro **Libertação**, André Luiz nos descreve uma reunião de **julgamento**, nas Trevas, na qual Espíritos culpados e indefesos sofrem todas as espécies de flagelações, inclusive a de tomar a forma de animais sob o domínio hipnótico de inteligência perversa. A esse processo de transformação, no geral, se devem as formas animalescas de Espíritos que André Luiz menciona, em seus livros, ao descrever as regiões umbralinas.

– Que horror! – atalhou D. Lúcia que ouvia o amigo sob forte emoção. – Se esses Espíritos, aos quais impuseram uma forma animal, não têm força de vontade própria e estão sob os grilhões da culpa, quando se libertarão dessa condição?

– Quando, pelo sofrimento que experimentam, transformarem a culpa em arrependimento e desejo de reparação, situação espiritual que os tornará acessíveis ao socorro de Espíritos benfazejos ou familiares que, em nome do Senhor, estão vigilantes, nas zonas inferiores, para atendê-los.

– O amigo se referiu ao corpo espiritual como um **organismo** delicado; teria órgãos igual nosso corpo físico? – perguntou Augusto, interessado.

– Os Espíritos, atualmente, nos ensinam que, no Mundo Maior, existem hospitais para tratamento dos desencarnados, nos aspectos mental e físico, este naturalmente considerado como sendo o corpo espiritual. Ora, isso nos sugere que o corpo espiritual é um organismo com problemas de saúde e de doença, dotado dos mesmos tipos de órgãos que estruturam o nosso corpo. As doenças, ensinam os Espíritos, antes de aparecerem no corpo físico, se instalam no corpo espiritual, pela ação, não só de agentes físico-químicos, mas também pela ação do pensamento vicioso e desviado. Se assim é, ao desencarnar, o Espírito carrega, em seu perispírito, o mesmo quadro patológico do corpo que deixou e, por isso, deverá se submeter a tratamento especializado de maneira a recompor sua saúde. No livro **Gabriel** (1) o Espírito, que se identifica com esse nome, e que havia desencarnado em razão de meningite, dá notícias, aos pais, de que sofreu uma intervenção cirúrgica na cabeça, a fim de recompor algumas ligações que foram afetadas. De outra parte, nos informam os Espíritos que eles necessitam de alimentação, semelhante à nossa, conquanto de outra natureza, o que nos assegura, inclusive, a necessidade de manutenção do organismo perispiritual para seu perfeito funcionamento.

– Nossa! – atalhou Pedrinho, assustado. Se as doenças do corpo físico se refletem no corpo espiritual, continuando depois da nossa morte, precisamos ter grande cuidado com a nossa saúde, a fim de não adoecermos!

– Exatamente, Pedrinho. Mas, a repercussão dos nossos erros em detrimento da nossa saúde física, é

---

(1)Francisco Cândido Xavier, Gabriel Casemiro Espejo (Espírito), IDE, Araras, SP.

muito maior do que você está supondo. Uma doença instalada no nosso corpo físico, não só permanecerá, no corpo espiritual, depois da morte, como também refletirá no novo corpo, na encarnação seguinte.

– Perdoe, Otávio, mas isso não faz sentido – aparteou D. Lúcia, respeitosa. – Os Espíritos disseram, a Allan Kardec, que o nosso corpo nada tem com o corpo da nossa anterior existência e que, qualquer semelhança física, será apenas fortuita.

– Isso é exato, mas não está em contraposição ao que acabo de afirmar, e que não cheguei a concluir. É que o corpo espiritual, ou perispírito, embora clinicamente tratado no Mundo Maior, fica com **marcas** da doença, e essas **marcas**, na próxima encarnação, vão afetar o órgão correspondente, predispondo-o à doença ou atingindo-o de maneira mais leve do que da situação que saiu da encarnação anterior. O corpo espiritual, como o sabemos, é o que estrutura e condiciona a formação do corpo físico, sendo o **molde fundamental** que a Providência nos dá, para que nossas existências sejam uma seqüência harmônica e a Justiça se exerça automaticamente, como vimos, através das **marcas**, oriundas de nossos erros, em existências anteriores.

– Você quer dizer de nossos erros **na existência anterior**; não é, Otávio? – corrigiu D. Lúcia.

– Não, Lúcia, o plural está correto. Imagine você um indivíduo que tenha um fígado são e que adquire o vício da embriaguez, vindo a comprometê-lo, culminando com uma cirrose irreversível. Depois de desencarnado, embora seu perispírito seja tratado e recuperado, fica a **marca** da moléstia que vai, seguramente, na próxima encarnação, se manifestar como um problema hepático. Se o indivíduo cede aos mecanismos do passado e volta a se embriagar, a doença reaparece e o acompanhará, além do sepulcro, agora espiritualmente agravada pela reincidência, e, assim, poderá se prolongar por outras existências, até que o indivíduo consiga vencer o vício. De outra parte, embora o indivíduo tenha a **marca** de uma doença, os Guias Espirituais, que lhe presidem o processo de reencarnação, poderão neutralizar os efeitos da **marca**, adiando a sua repercussão, se isso pode prejudicar o programa reencarnatório e, nesse caso, também, a causa estaria em existências anteriores.

– Como, no entanto, o perispírito se ajusta com o corpo físico e qual é a sua atuação? Já existem provas da existência dessa parte do ser? – indagou Augusto.

– O perispírito, segundo se depreende dos ensinamentos dados pelos Espíritos, e se confirma pela descrição dos videntes, tem a mesma forma do corpo físico e se ajusta a ele, ponto a ponto, como seu duplo etéreo. Ele contém, ao mesmo tempo, eletricidade, fluido magnético e é a quintessência da matéria, o princípio da vida orgânica, embora não o seja da vida intelectual, que está no Espírito. Além disso, é o agente das sensações externas. No corpo, essas sensações estão localizadas pelos órgãos que lhes servem de canais; destruído o corpo, as sensações ficam generalizadas. Volto a lembrar aqui o clássico caso do Espírito Katie King, investigado e analisado pelo célebre cientista inglês William Crookes. O referido Espírito, para materializar-se, diante do cientista, revestia seu perispírito com o fluido retirado da médium, a fim de se tomar visível e tangível, em nosso plano existencial. Portanto, revestia-se de uma espécie de matéria intermediária, a que chamamos ectoplasma, que não era carne, com suas múltiplas organizações celulares. Isso, no entanto, como já referi, não impediu que o sábio tomasse, por exemplo, a temperatura e a pulsação do **corpo** assim formado. Ora, isso nos leva à clara conclusão de que a **vida**, que se manifestava em nosso plano, precariamente, estava no **perispírito**, vivificando aquela **matéria**, de uso provisório, de maneira, inclusive, a que pudesse andar, ver, falar, enfim, portar-se como um ser humano vivo. Daí nos ser lícito supor que, de igual maneira, o perispírito vivifica as células da carne. Os **movimentos brownianos**, que impulsionam a atividade das células, e cuja origem é desconhecida, não resultariam da presença e ação do perispírito? Estando o corpo espiritual em outra dimensão da matéria, nossos sentidos normais, e os instrumentos que os ampliam, não conseguem percebê-lo, e isso faz com que seja negada, às vezes, a sua existência, na forma proposta pela Doutrina Espírita. O desenvolvimento, pelo casal Kirlian [(1)], de cidadania russa, de uma câmara fotográfica de alta freqüência, permitiu que se fotografassem as emanações fluídicas do corpo humano, de plantas e de objetos inanimados, abrindo campo à pesquisa do que alguns já denominaram **corpo bioplasmático,** e que poderá ser, nada mais nada menos que o próprio perispírito.

– Nós aprendemos, em **O Livro dos Espíritos**, que o Espírito, passando de um mundo para outro, se reveste **imediatamente** da matéria desse mundo. Como isso se processa? – perguntou D. Lúcia.

– Há uma regra no Universo, e é a de que o Espírito só pode ir a mundos cuja evolução seja compatível com sua própria evolução, ou lhe seja inferior. Só passamos para um mundo, superior às nossas conquistas, levados pelas mãos de Espíritos que já alcançaram um mais alto grau de evolução. Demais disso, cumpre notar que, quando falamos em passar **de um mundo a outro**, estamos nos referindo a Espíritos que já venceram todas as etapas da evolução terrena, e ganharam o direito de cidadania universal, portanto, Espíritos cuja vontade já venceu as hesitações e os medos que nos são próprios, e que têm o

---

(1) **Anuário Espírita** 1973, IDE, Araras, SP, págs. 143/149.

poder de se conscientizar e se determinar, podendo-se admitir a possibilidade de que, **imediatamente**, se revestem da matéria do mundo que visitam, por um ato de vontade. A questão é complexa e não pode ser tratada, hoje, de uma forma simplista. Quando se fala em **poder** e **querer** do Espírito o problema, forçosamente, deverá estar ligado ao seu estado evolutivo, não apenas isso, mas, também, às condições vibratórias ou de elevação do **ambiente** em que se situa. André Luiz nos faz muita luz, sob esse aspecto, e nos mostra que não apenas de um mundo a outro, mas, no próprio Planeta, o Espírito deverá revestir-se da matéria da **esfera** em que se encontra, para ser percebido pelos demais Espíritos dessa **esfera**, ou **dimensão vibratória**. Quando um Espírito desce de uma **esfera** para outra, o seu perispírito, normalmente, é invisível aos Espíritos dessa esfera, podendo, no entanto, por um ato de vontade, tornar-se visível, e isso o Amigo Espiritual explica muito bem no livro **Libertação** [(1)], quando relata a **passagem** de um grupo de Espíritos para uma esfera situada abaixo da esfera física. No livro **Obreiros da Vida Eterna** [(2)], nos relata a **materialização** de um Espírito Superior, dentro de uma câmara especial, adredemente preparada com a irradiação mental de um grupo de Espíritos que lhe forneceu energias próprias daquela esfera. Em seu livro **Voltei**, o Espírito que se identifica por Irmão Jacob [(3)], descreve, também, a materialização de um Espírito Superior, na esfera em que se encontrava, utilizando as energias de uma câmara especial. Como se vê, a questão não é simples. Re-

---

[(1)] Ed. FEB, páginas 53/54.

[(2)] Francisco Cândido Xavier, FEB, Rio de Janeiro, 9° ed., cap. 3, pág. 43.

[(3)] Hoje sabemos tratar-se de Frederico Fígner, antigo dono da famosa "Casa Edison", do Rio de Janeiro, pioneira da indústria discográfica do Brasil (Cf. **Testemunhos de Chico Xavier**, Suely Caldas Schubert, FEB, Rio *de* Janeiro, RJ), biografado na obra *de* Zeus Wantuil: **Grandes Espíritas do Brasil**, FEB.

almente, ao passar de um mundo a outro, ou de uma esfera terrestre para outra, o perispírito, para se tomar visível e tangível, naquela nova situação, precisa se revestir da matéria própria daquele plano de vida, que sempre lhe estará em grau de inferioridade. Quanto ao fato de que ocorra, **imediata** e **automaticamente**, isso já envolve, como vimos, uma série de circunstâncias, que não podemos precisar.

– Na outra vez que você esteve aqui, se referiu a um sonho de André Luiz, narrado por ele, quando passou para uma esfera superior, levado, ao que se supõe, em um barco, através da água. Estive pensando sobre isso e me sinto embaraçada, sem poder entender. Ora, se ele é um Espírito e, com o seu perispírito, passou para outra esfera, não se pode falar em sonho, mas em realidade.

– Realmente, o Autor esclarece **que o sonho não era propriamente qual se verifica na Terra**, pois, **tinha absoluta consciência daquela movimentação em plano diverso, e suas noções de espaço e de tempo eram exatas**. É natural que o chame de sonho, porque o fato se deu enquanto **dormia**. Quer nos parecer tratar-se de um **desdobramento** no plano espiritual.

– O que quero referir, Otávio, é que se, ao desencarnar, restam do homem o perispírito e o Espírito, e sendo ele um Espírito desencarnado, não poderia haver esse desdobramento, que não dispensa a existência de dois corpos; um que fica e um que sai! – atalhou D. Lúcia, em posição de alerta, frente à aparente contradição.

– É verdade! A senhora está se expressando com uma lógica admirável. De fato, André Luiz esclarece que **sabia, perfeitamente, que deixara o veículo inferior no apartamento das Câmaras de Retificação, em "Nosso Lar"**, o que não deixa dúvidas de que um **corpo espiritual** estava no leito, enquanto **outro** seguia para a esfera superior.

– Ora, isso se contrapõe ao que os Espíritos ensinaram a Allan Kardec, de que o homem se compõe de corpo, de **perispírito** que é o laço que une a alma ao corpo, e de **espírito**. Está surgindo aqui um outro tipo de **corpo espiritual** que se poderia chamar de **perispírito do perispírito**. Isso me confunde!

– Vamos considerar, novamente, que a **revelação** é progressiva, adequada à compreensão da Humanidade, e realmente, o que os Espíritos disseram a Allan Kardec não se constitui na **verdade final**, nem eles afirmaram isso. No livro **Evolução em Dois Mundos**, [1] André Luiz explica que **para definirmos, de alguma sorte, o corpo espiritual, é preciso considerar, antes de tudo, que ele não é reflexo do corpo físico, porque, na realidade, é o corpo físico que o reflete, tanto quanto ele próprio retrata em si o corpo mental que lhe preside a formação**. A propósito do inesperado **corpo mental** o autor esclarece que, **assinalado experimentalmente por diversos estudiosos, é o envoltório sutil da mente, e que, por agora, não podemos definir com mais amplitude de conceituação, além daquela com que tem sido apresentado pelos pesquisadores encarnados, e isto por falta de terminologia no dicionário terrestre.**

– Não seria esse o **corpo** dos Espíritos puros? – arriscou Augusto, cortando as elucidações *do* amigo.

– Quem sabe! Isso é até possível. É lícito supor que, à medida que o Espírito se depura, **seu organismo espiritual**, que está ligado às funções da vida terrena, perca suas características, para se reduzir ao **corpo mental**, com o qual ele se movimenta entre os mundos do Universo, onde os nossos aparelhos circulatório, respiratório e digestivo não teriam mais função alguma. Registremos o ensinamento do Amigo Espiritual, e aguardemos que o tempo se incumba de defini-lo melhor. À es-

---

[1] Francisco Cândido Xavier e Waldo Vieira, FEB, Rio de Janeiro, RJ.

pera disso, no entanto, nada nos proíbe formularmos nossos arrazoados, para uso próprio, e mesmo para fornecermos elementos de estudo aos que se preocupam com o assunto – arrematou Otávio.

– O perispírito de uma criança, que na encarnação anterior chegou a ser adulto, seria visto pelos médiuns videntes com aparência de adulto? – perguntou Carlinhos, mudando um pouco o rumo dos debates.

– Não – afirmou Otávio. Ele seria visto na forma infantil, como um **duplo** do seu corpo humano.

– Bem, então não é o corpo que reflete o perispírito, mas este que reflete o corpo, ao contrário do que você afirmou há pouco – assinalou D. Lúcia.

– É necessário não perder de vista a plasticidade natural do perispírito, antes de tirarmos conclusões apressadas acerca de sua forma. De outra parte, no processo reencarnatório, antecedendo a ligação do Espírito ao seu novo corpo físico, ele sofre um processo de **restringimento** ou **diminuição** para que possa **modelar** a forma física fundamental. E nós já vimos que este processo de transformação morfológica do corpo espiritual, pode se processar por um ato de vontade do próprio Espírito, se tem condições para isso, ou pela intervenção de outros Espíritos através de processos hipnóticos.

– Temos falado tanto em reencarnação, todavia, ainda não me deram elementos para imaginar como se processa. Gostaria de ouvi-lo dizer tudo o que sabe sobre o processo de encarnação. O que os Espíritos já ensinaram a respeito?

– Com base no que os Espíritos ensinam, podemos afirmar que, desde que tutelado por qualquer organização do Bem, o processo encarnatório obedece sempre à determinação de Autoridades Superiores do Plano Espiritual, que o planejam e autorizam, inclusive com a participação efetiva e relevante do próprio Espírito reencarnante, se este tem méritos para tanto. Nosso passado está todo registrado nos arquivos do Mundo Maior e essa história, com todos os seus lances, é que orienta os objetivos maiores da nossa encarnação. Uma vez acertado o reingresso na carne, o interessado passa por um longo período preparatório, que inclui, desde a ativação da memória para faixas do pretérito, até a aproximação com o novo lar e seus componentes. Imaginemos uma imersão de menor risco e importância como a dos mergulhadores em águas profundas, o seu severo e intenso treinamento e os cuidados que o apoio de cima lhes devota, e poderemos ter um quadro, muito apagado, dos esforços que antecedem uma reencarnação.

Naturalmente, falando sempre daqueles que detêm méritos para isso, o próprio futuro corpo físico é planejado, com base nos genes paternos, cuja análise é acessível aos Guias Espirituais, de forma a que o reencarnante tenha implementos físicos adequados e, inclusive, a própria aparência desejável. Se o futuro lar está governado por desafetos, inimigos de outras eras, com vistas à reconciliação, o processo é mais complicado, porque demanda gestões entre as partes, a fim de que se aceitem mutuamente na experiência doméstica, respeitando-se-lhes o livre-arbítrio. Uma vez que o Espírito esteja convenientemente preparado, e sua entrada no novo lar tenha sido consentida, deverá passar por um processo de diminuição ou restringimento, a fim de que decresça para o tamanho de um bebê, e isso o próprio Espírito pode alcançar, através da auto-sugestão, ou é submetido a processos hipnóticos adequados com vistas a esse fim, nas organizações especializadas do Mundo Maior. Chegado o momento da concepção, os Guias Espirituais assistem à progenitora, inclusive guiando, magneticamente, o espermatozóide eleito, anteriormente, em razão de sua carga hereditária, para que avance na dianteira, a fim de fecundar o óvulo materno. Nesse instante, o Espírito reencarnante é ligado ao Espírito materno e ao minúsculo ovo que contém as premissas de seu futuro corpo físico. Começa para ele, também, um processo de perturbação de suas faculdades, que vai se apertando, até que venha a nascer, que inclui a perda da memória e a impossibilidade temporária de manifestação de suas faculdades, por deficiência do corpo físico, até que os órgãos se estruturem e tenham condições de obedecer-lhe o comando. Uma vez nascido, a ligação do Espírito com o novo corpo é definitiva e, normalmente, só se desfaz, facilmente, no termo marcado pela Providência, através do fenômeno da morte. O Espírito reencarnante será permanentemente tutelado pela organização espiritual que lhe promoveu a reencarnação, e terá, nas suas diversas fases, preceptores, no Plano Espiritual, adequados a cada uma delas, naturalmente, além dos Espíritos familiares que, constantemente, lhe seguirão os passos. Em rápidas pinceladas, essas são as linhas gerais de um processo de encarnação, claro que, apresentado com as limitações dos meus conhecimentos. André Luiz, em seus livros, particulariza todas as fases acima apontadas, especialmente nos **livros Missionários da Luz e E a vida continua...** [1].

– Que maravilha! – exclamou Pedrinho, que ouvia o amigo, extasiado.

– É verdade – emendou D. Lúcia. Nunca poderia imaginar que o futuro corpo pudesse ser programado, assim como os passos e os elementos da concepção. Diga-me uma coisa, Otávio, isso não é fantasia? Você não acha que é preciso ter muita fé para aceitar essas afirmações?

---

[1] Ambos psicografados pelo médium Francisco Candido Xavier, FEB, Rio de Janeiro, RJ.

– Diria que, antes, é necessário não ter preconceitos e raciocinar com lógica. Quando se constrói uma casa, planifica-se, antecipadamente, todos os detalhes da construção, não só para garantir-lhe a solidez da estrutura, como também a funcionalidade de cada dependência e a beleza arquitetônica do conjunto. Cada material empregado tem sua intimidade conhecida, por definição de laboratórios especiais, e os dados que lhes corresponde são computados para garantir a integridade e a adequação do edifício. A planta, que foi elaborada por profissional especializado, e seu memorial descritivo, nascidos de um estudo aprofundado, por quem entende da matéria, antes da execução da obra, deverá passar pela revisão de outros profissionais especializados para que seja aprovada, e isso com vistas à segurança pública. Ora, se para construir-se uma simples casa de madeira e argila, se requer todas essas providências e cuidados, por qual razão a **construção** de um corpo físico, casa de morada de um Espírito, deveria surgir de improviso, sem planificação alguma? Seremos mais previdentes do que a Providência Divina? Segundo tenho lido, nos livros a que já me referi, na fase preparatória da reencarnação, no Mundo Maior, são elaborados desenhos com as características anatômicas de cada órgão que deverá sofrer processo de intervenção para alcançar os fins desejados, e isso me parece muito natural, a menos que não se creia em coisa alguma, e é nessa medida que entra o problema da fé, na aceitação da Providência Divina, da imortalidade da alma e da doutrina das vidas sucessivas. No mais, trata-se de pura lógica.

– Realmente, Otávio – disse Augusto interferindo. Não creio que haja, ou possa haver, na Terra, coisa mais importante, perfeita e complexa do que um corpo físico, e é natural que ele não surja por força das circunstâncias, principalmente quando sabemos dos processos que envolvem a construção de qualquer máquina na Terra.

– Os Espíritos malfazejos também podem promover reencarnações? – perguntou Pedrinho, aflito.

– Não duvido disso, porque na base de tudo estão o merecimento do Espírito e os processos magnéticos, estes acessíveis também aos maus, embora com imensas limitações.

– Os Espíritos Preceptores que assistem ao reencarnante, durante a sua vida na carne, são os Anjos de Guarda e os Espíritos protetores? – inquiriu João Paulo, que assistira aos debates, até ali, em muda admiração, diante do volume de informações novas, que colhia de repente.

– Exatamente. O Espírito, ao qual chamamos de Anjo de Guarda, é aquele que, de um plano mais elevado do que o dos demais, nos acompanha, passo a passo, enviando-nos conselhos mentais adequados e organizando a nossa vida, e com ela, as nossas experiências. Os demais Espíritos que nos assistem são orientados por ele e dele recebem as ordens acerca das providências a tomar com relação aos nossos problemas. Demais disso, em cada fase de nossa vida, necessitamos de apoio especializado, em face de problemas diferentes. Dizem os Espíritos que, até os sete anos, dispomos de um Espírito protetor especializado na assistência aos tipos de problemas naturais dessa fase, e daí se pode concluir que, nas fases subseqüentes, ocorre o mesmo.

– Isso quer dizer que ficaremos devendo muitos favores a esses Espíritos que nos assistem. Como poderemos pagar-lhes tanto devotamento?

– Embora não seja regra, os Anjos de Guarda e os Espíritos protetores, geralmente, têm ligações conosco de existências passadas e estão atuando, agora, em um sistema de alternância, o que implica dizer que, quando eles estiverem encarnados, os seus Espíritos protetores seremos nós, fazendo o papel que eles fazem hoje. Mas, de outra parte, existem Espíritos que nos prestam assistência por determinação da Organização Espiritual que nos tutelou a reencarnação, e que fazem parte de seu quadro de serviçais, recebendo a sua compensação pelo sistema de pagamento da Instituição a que se vinculam. Além disso, os Espíritos familiares, em nosso favor e com a permissão de nosso Anjo de Guarda, movimentam amigos particulares, que também nos prestam assistência. Não vemos na Terra esse mesmo quadro de intercessão, em nosso benefício, nas múltiplas providências que são acionadas em razão dos nossos interesses?

– Intercessão? O que vem a ser isso? – perguntou Mariana que se animou para intervir.

– Esse é um mecanismo, que funciona com base no afeto, de muita importância para nós. A intercessão se dá quando alguém se empenha, pessoalmente, para obter uma providência a nosso respeito, que pode ser boa, ou má, dependendo do objetivo que tenha em vista. Isso acontece na Terra em menor escala e importância, mas é no Mundo Maior que esse mecanismo atua de maneira constante. Do ponto de vista negativo, por exemplo, vemos um Espírito vingativo aliciando comparsas para levar a cabo um plano obsessivo. Mas é no sentido positivo que a intercessão se torna relevante. Configuremos uma mãe com um de seus filhos retido nas regiões de sofrimento, com problemas que ela mesma não pode resolver, e que ele, por si mesmo, não terá possibilidade de se libertar por longo tempo. Essa mártir do amor procurará trabalhar o máximo possível na organização espiritual a que estiver vinculada, e buscará fazer o melhor em benefício de todas as pessoas com as quais tiver contato, a fim de angariar **créditos** que lhe possibilitem acionar recursos em favor do filho. Como alguém que, trabalhando de sol a sol e fazendo economia sobre as próprias necessidades, ajuntasse dinheiro para pagar uma dívida do filho, arruinado por causa dela. Assim, no mecanismo da intercessão, alguém empenha seus **créditos** em benefício de outro alguém que, naturalmente, lhe é caro.

– Mas isso me parece injusto – atalhou Pedrinho –, porque estará beneficiando quem não merece. E os outros? Não se trata de privilégio? De outra parte, se os sofrimentos são necessários à educação do Espírito, por que afastá-los indevidamente a pedido de terceira pessoa?

–Raciocinando com base na lógica pura, aparentemente, você tem razão, todas as suas objeções parecem procedentes. Contudo, não se esqueça que a vida funciona com base no amor. **Amai-vos uns aos outros como eu vos amei, Perdoai setenta vezes sete vezes, Fazei aos outros o que desejais que vos façam.** Tais são os fundamentos da Doutrina Cristã. A intercessão é um ato de amor, um ato de caridade, praticado as expensas de quem intercede, com créditos pessoais por serviços prestados às coletividades ou a Espíritos individualmente que, em reconhecimento, praticam a intercessão. Não há privilégios nem benefícios indevidos, porque quem intercede o faz por ser, de alguma forma, devedor da pessoa ajudada, por ter recebido dela, no passado, provas de carinho, que lhe empenharam o coração.

– Pedrinho ainda não conhece a dinâmica da vida – interferiu Augusto. – É comum, aqui na Terra, que pessoas movimentem amigos, e estes por sua vez movimentem seus amigos, para se beneficiar alguém. Mas é verdade o que Otávio acabou de dizer, de que sempre há um laço afetivo entre as pessoas que se movimentam no mecanismo da intercessão.

– Perdoe-me, Otávio, bombardeá-lo com tantas perguntas – disse D. Lúcia, respeitosa –, mas ainda não consegui assimilar uma mínima parte da questão do sexo nos Espíritos. Se eles podem ora encarnar-se como homem, ora encarnar-se em um corpo de mulher, por que, no Plano Espiritual, conservam o sexo da última encarnação e voltam a se reunir em família? A natureza afetiva de cada sexo e as solicitações do mundo são tão diferentes, que não consigo imaginar, se a vida não dá saltos, como pode alguém passar de uma situação a outra, sem graves conseqüências para o seu equilíbrio global. Em face da reencarnação, eu me pergunto, como ficariam as ligações afetivas do passado com a mudança do sexo?

– A Ciência aceita hoje, pacificamente, a afirmação de que toda criatura é bipolarizada, ou seja, contém, em si, física e espiritualmente, elementos de natureza masculina e de natureza feminina. Normalmente, na mulher, prevalecem os caracteres femininos, e no homem os masculinos. Mas existem muitas pessoas com cargas equilibradas, assim como existem as que, revestindo um determinado sexo, detêm uma preponderância dos elementos do sexo contrário. Daí toda essa gama de personalidades, de pessoas de ambos os sexos, com uma carga de caracteres pessoais graduada de acordo com o tempo que tenha vivido, em encarnações passadas, na posição do sexo que agora lhe é contrário. Isso, quero crer, por si só, é uma prova de que podemos assumir ora uma, ora outra, situação, e assim realmente acontece, em uma proporção muito grande, com as pessoas dissimuladas na multidão, notando-se apenas a mudança, quando os elementos do sexo contrário preponderam na personalidade, no chamado terceiro sexo. Quando falamos em sexo, nos assoma à cabeça uma gama de preconceitos e desinformações, que nada têm a ver com a realidade. O sexo, antes de ser instrumento de prazer carnal, é faculdade criadora gerando, em nome de Deus, a oportunidade da vida física para os Espíritos desejosos de progresso, e é esse realmente, o fim a que se destina, dentro dos ditames da Natureza. A mudança do sexo, na encarnação, pode ser encarada com a mesma naturalidade com a qual, diariamente, milhares, e talvez milhões, de pessoas são constrangidas a assumirem posições diferentes no mundo, qual, por exemplo, a de uma dona de casa, sempre acostumada ao recesso do lar, que, de repente, necessita aceitar uma outra espécie de obrigações, passando a executar uma ordem de tarefas até há pouco afetas apenas aos homens.

– Claro – atalhou D. Lúcia –, entendo que o Espírito necessita passar por todas as situações, que são contingências da vida, para poder evoluir. Naturalmente, alguém que apenas encarnasse como homem, desconheceria a experiência própria da mulher, não só física mas, principalmente, emocional, pela riqueza de seus sentimentos que, cultivados, alcançam culminâncias sublimes. O que não consigo imaginar, é como, depois da desencarnação, os Espíritos continuem com o mesmo sexo, com as mesmas experiências sexuais, uma vez que, como você mesmo nos ensinou, eles se reagrupam, reestruturando o lar terreno. E a consciência de si mesmo, no Mundo Espiritual?

– Quando falamos nos Espíritos, em seus desejos e em suas manifestações, não podemos perder de vista que tudo depende da sua situação evolutiva. Sendo o sexo, como o conhecemos na Terra, uma contingência natural de natureza reprodutiva, podemos, desde logo, supor que os Espíritos que venceram o ciclo de experiências terrenas, e já estão aptos para se encarnarem em outros mundos, mais adiantados, acham-se livres, não só dos impulsos como também dos implementos que diferenciam o sexo entre nós. Não nos esqueçamos de que, desde sua fase de experiências no mundo animal, o Espírito caminha preso às determinações da Natureza, intervindo no plano da criação mercê da força procriadora de que estão revestidos homem e mulher, macho e fêmea, e que o sexo, para nós, está mais afeto aos impulsos do instinto do que à disciplina da inteligência, é mais animal do que racional. Nessa ordem de pensamentos, devemos aceitar que, nas esferas mais próximas da Crosta, a vida não dando saltos, os Espíritos se sintam do mesmo sexo que detinham na carne, donos dos mesmos implementos que os caracterizavam fisicamente e com os mesmos impulsos nesse campo. Em seu livro **E a Vida Continua**..., André Luiz nos abre imenso campo de análise, com respeito às nossas ligações afetivas, relatando as experiências de um grupo de pessoas que se movimentam nos planos físico e espiritual, inclusive, nos mostrando como se vinculam e se desvinculam as pessoas de sexo oposto, nos dois planos da vida. Também nos dá notícias de **casamento** entre os Espíritos.

– Casamento?! – exclamou D. Lúcia que acompanhava as palavras do amigo, algo admirada.

– E por que não! Dois Espíritos que se acham desvinculados de suas ligações afetivas anteriores, que se encontram e se afirmam, amando-se mutuamente, se reúnem num lar para desfrutarem a companhia um do outro, assumindo, na comunidade em que estão vinculados, um compromisso moral com respeito a essa nova ligação.

– Explique melhor o que seja a **desvinculação**, à qual você se refere.

– Geralmente, quando encarnamos, assumimos, desde o Plano Espiritual, o compromisso de aceitar determinada companhia, do sexo oposto, para a edificação de um lar e a constituição de uma família. Nesse passo, nos vinculamos a um compromisso que necessitamos respeitar. Ao desencarnar, o Espírito não está obrigado a permanecer na mesma ligação afetiva, às vezes, composta para atender determinadas exigências do passado e, portanto, de caráter provisório. Se os Espíritos, que se reuniram na experiência física, se respeitaram e se amaram, realmente, essa vinculação vai perdurar depois do túmulo e, talvez, durante algumas encarnações. Se, no entanto, a desencarnação for libertação de uma companhia desagradável e o Espírito não permanece com nenhum sentimento de culpa com relação a ela, vai se sentir desvinculado e com todo o direito de seguir outro caminho, na companhia de outro Espírito com o qual se harmonize, ou mesmo viver na solidão.

– E se, quem ficou na Terra, casar novamente? – perguntou Pedrinho, curioso.

– O segundo casamento nem sempre pode significar desvinculação com a companhia anterior, porque pode ter sido anteriormente programado, no Plano Espiritual, e, nesse caso, a amizade e o amor, entre os três Espíritos, perduram depois da morte. Mas quando, quem enviúva, se desliga emocionalmente do compromisso anterior, isso implica na possibilidade natural de uma desvinculação do parceiro desencarnado, embora este possa permanecer fiel ao compromisso, na expectativa do desenrolar dos fatos e das condições futuras. Somos livres para amarmos quem quer que seja, embora não tenhamos o direito de exigir que os outros nos amem.

– Pelo que tenho entendido, há a possibilidade de, em encarnação seguinte, casarem-se irmãos entre si, pais com filhos e um cônjuge vir a ser filho do outro, uma vez que o grupo familiar caminha no tempo, em posições diversas. Isso não parece esquisito, à primeira vista?– indagou Augusto.

– A consangüinidade é contingência de natureza evolutiva. Os Espíritos se reúnem em um grupo familiar para se entreajudarem mutuamente e harmonizarem-se cada vez mais. Muitas vezes, partilhamos o mesmo lar com inimigos implacáveis do passado, quer na situação de dependermos deles, ou na inversa de dependerem eles de nós, e digo isto para exemplificar que, na parentela mais próxima, há muitas ligações de caráter passageiro. O orgulho e o egoísmo, aliados à nossa cegueira quanto aos problemas do Espírito, nos levaram a estruturar preconceitos em torno dos laços consangüíneos e da nossa posição sexual, estados provisórios pelos quais devemos passar , em nossa caminhada. A família é o instituto mais sagrado que existe na Terra e, através dela, a Providência Divina nos ajusta o coração para vôos mais altos em direção ao Amor Infinito. O respeito que nos devemos uns aos outros é importante fator de equilíbrio, no plano em que vivemos, onde o amor permanece, ainda, no estágio de animalidade, obscurecido pela força do instinto. Mas esses laços de família não são eternos e as relações de parentesco não são estanques. Nem poderiam sê-lo, porque isso implicaria estacionária e inconcebível posição, contrária ao aprendizado de natureza evolutiva. Se me fosse solicitada uma tese de como o amor evolui no tempo entre os componentes do grupo familiar, não teria dúvida em afirmar que, no casamento, ele se inicia, quase sempre, sobre pedestais de animalidade, para possivelmente evoluir nas faixas da compreensão e da solidariedade; quando essas duas pessoas, na encarnação seguinte, comparecem na condição de pais e filhos, o amor antigo evolui para a sublimação nas áreas do perdão, da renúncia, do sacrifício e da dedicação incondicional, que caracterizam o amor paterno e materno, no entanto, às vezes, tisnados pela volúpia da posse e do egoísmo; quando os dois mesmos seres, em encarnação posterior, voltam na posição de irmãos, o mesmo amor antigo se despe de interesses imediatos e ganha caráter de eternidade e de universalidade, alcançando as culminâncias do mandamento maior, de que nos amemos uns aos outros como Jesus nos amou, indicando que estamos aptos para continuarmos nosso caminho em mundos mais evoluídos, porque seremos capazes, em qualquer rincão do Universo, de amarmos como **irmãos**. O sexo, meus amigos, não é o amor. O desejo sexual, normalmente, é saciável e transitório e, por isso, as uniões que se fundam exclusivamente nas atrações físicas, são de duração efêmera. O amor duradouro, que liga os Espíritos, encarnados ou desencarnados, nasce e cresce sob a regência da lei da afinidade, que nos leva a partilhar os mesmos gostos, os mesmos interesses, e que faz com que nos alegremos com a presença, a palavra e a atenção de nossa companhia. Assim entendida a questão, creio não ser difícil compreender o mecanismo e a utilidade de mudança de posições na família, em face da reencarnação.

– Pelo que entendi, você deve considerar um retrocesso quando, na encarnação seguinte, os filhos se casam com os que lhe foram pais.

– Perdão, talvez não tenha me explicado bem. Apenas defini um caminho normal de evolução do amor no grupo familiar, valendo-me do raciocínio lógico, diante dos ensinamentos dos Espíritos, e segundo minha apreciação pessoal; ainda que fosse verdadeiro, não excluiria a hipótese a que você se refere.

Os Espíritos não retrogradam. Uma vez que conquistaram o domínio de determinada faixa das sensações ou dos sentimentos, caminharão por ela com segurança. No caso da união de uma ex-mãe com um ex-filho, por exemplo, essa nova ligação estará sublimada pelo relacionamento da existência anterior que, embora esteja aparentemente esquecido, permanece latente, alimentando uma terna e respeitosa afeição.

– Nós lhe agradecemos a valiosa presença em nossa reunião e, com muito prazer, ficaríamos a noite toda aqui ouvindo-o. Ocorre, porém, que a hora já se adianta, e as crianças precisam se recolher. Faça para nós a prece de encerramento – pediu Augusto ao amigo.

Otávio, João Paulo e Mariana se levantaram, abraçando os amigos para a despedida.

Augusto reiterou aos novos amigos o convite para que participassem de suas reuniões semanais de quarta-feira, a fim de estudarem juntos, e Pedrinho entregou-lhes delicada caixa, onde estavam depositadas as fitas gravadas das reuniões anteriores.

E foi com vibrações de imensa alegria, que Augusto e seus familiares acompanharam com o olhar os amigos que ganharam a rua, e já se perdiam de vista, na distância e na noite.

VIII – Emancipação da Alma

A prece simples e serena de Pedrinho iniciou a reunião da noite, já presentes e felizes João Paulo e Mariana.

D. Lúcia tomou **O Evangelho Segundo o Espiritismo** e, abrindo-o passou a ler a lição contida no cap. V, n° 25, que diz respeito à melancolia do Espírito encarnado por sentir-se preso ao corpo de carne e aspirar, intimamente, à liberdade do mundo espiritual. A bela página, assinada por François de Genéve, foi ouvida sob respeitoso silêncio. Ao final, emocionado, Augusto pediu que fosse lido de novo o primeiro parágrafo, que lhe tocou, por conter uma verdade da qual pouca gente se apercebe.

E D. Lúcia recomeçou a leitura:

"25 – *Sabeis que uma vaga tristeza se apodera por vezes dos vossos corações e vos faz achar a vida tão amarga? É o vosso Espírito que aspira à felicidade e à liberdade e que, preso ao corpo que lhe serve de prisão, se extenua em vãos esforços para dele sair. Mas, vendo que são inúteis, cai no desencorajamento, e o corpo, suportando sua influência, a languidez, o abatimento e uma espécie de apatia se apoderam de vós, e vos achais infelizes.*"

– Papai – atalhou Pedrinho – o Espírito, quando encarnado, permanece no corpo contra a sua vontade?

– Na verdade, somos prisioneiros do nosso corpo, até o termo marcado pela Providência. Aprendemos que, desde o momento em que nascemos, estamos ligados, inapelavelmente, ao corpo físico, porque só até esse momento, o Espírito tinha o poder de recuar. Assim como qualquer prisioneiro não se alegra com a sua prisão, entendo que, no fundo de nosso ser, temos saudades da nossa liberdade espiritual, no mundo dos Espíritos, e isso explica porque, às vezes, somos tomados por uma melancolia indefinível e aparentemente injustificável. Comentando as asperezas e as armadilhas da vida física na Terra, outro dia, Otávio me assegurou que os Espíritos Superiores somente tomam corpo entre nós porque, durante o sono, podem se livrar, momentaneamente, do envoltório grosseiro e alçar aos Planos Superiores, para haurir novas forças e que, se não fora a emancipação da alma durante o sono, nos seria quase impossível resistir às vicissitudes do dia-a-dia. Disse-me, também, que os Espíritos asseguraram, a Allan Kardec, que quanto mais grosseiro seja o envoltório físico, mais deseja o Espírito estar dele desembaraçado.

– Mas, durante o sono, a alma não repousa igual ao corpo? – perguntou Mariana, tímida.

– Não, porque, na verdade, o Espírito não permanece jamais inativo. Durante o sono, os laços que nos unem ao corpo relaxam, e o corpo, nesse lapso de tempo, não necessita do Espírito. Uma vez despreendida do corpo, a alma percorre o espaço e entra em contato mais direto com os outros Espíritos.

– E como podemos, para o nosso convencimento, testemunhar a liberdade do Espírito durante o sono? – perguntou D. Lúcia, sempre atenta e objetiva.

– Pelos sonhos. Enquanto o corpo repousa, o Espírito dispõe de mais faculdades do que quando está em vigília. Pode, às vezes, conhecer o passado, as encarnações pretéritas, e até mesmo prever alguns lances do futuro. Com a emancipação, adquire maior energia e pode entrar em comunicação com os outros Espíritos, não apenas deste mundo, como também de outros mundos. Os sonhos mais bizarros, ou mesmo horríveis, têm conteúdo de verdade, sendo, freqüentemente, lembrança dos lugares e das coisas que vimos ou veremos em uma outra existência, ou em um outro momento. É que, estando o corpo entorpecido, nos esforçamos por quebrar seus grilhões e o Espírito, livre, pode procurar, assim no passado como no futuro.

– Concordo que conhecemos muito pouco sobre os fenômenos mais simples da vida; acreditamo-nos sábios e nos embaraçamos com as coisas mais vulgares. Eis uma pergunta que nos perturba: que fazemos quando dormimos e o que é o sonho? Você sabe?

– No sono, a alma se liberta, em parte, do corpo e se encontra, momentaneamente, no estado que, depois da morte, lhe será permanente. Os Espíritos elevados, quando dormem, reúnem-se às sociedades de outros seres, superiores a eles, com os quais viajam, conversam e se instruem, trabalhando até em obras que encontram prontas quando morrem. Isto nos deve ensinar a não temermos a morte, pois que, segundo a palavra de um considerado santo morremos todos os dias e, para os Espíritos elevados, a morte é como um sonho inteligente, porque se desligam logo do corpo físico. Todavia, a massa dos homens que, na morte, devem ficar longas horas em perturbação, em dolorosa incerteza, esses vão, seja para as esferas inferiores da Terra, onde velhas afeições os evocam, seja à procura dos prazeres que podem ser mais inferiores aos que temos aqui. Vão haurir doutrinas mais vis, mais ignóbeis, mais nocivas do que as que professam no nosso meio. O que gera a simpatia sobre a Terra, é o fato de as pessoas sentirem-se, ao despertar, ligadas pelo coração àqueles com que vieram de passar oito ou nove horas de felicidade ou de prazer. Isso explica também as antipatias invencíveis, pois sabem, no fundo do seu coração, que essas pessoas de lá têm uma consciência diversa da nossa. Explica, ainda, a indiferença, visto que não se deseja fazer novos amigos quando a gente sabe que existem outras pessoas que nos amam e que nos querem. Na verdade o sono influi, mais do que pensamos, em nossas vidas.

– Quer dizer que, pelos efeitos do sono, nós, os Espíritos encarnados, estamos sempre em relacionamento com o mundo dos Espíritos? – indagou João Paulo.

– Sim, e é isso que faz com que os Espíritos superiores consintam, sem muita repulsa, encarnarem-se entre nós. Quis Deus que, durante o seu contato com o vício, possam ir se renovar nas fontes do bem, para não falirem, eles que vêm instruir os outros. O sono é a porta que Deus lhes abre até seus amigos do chamado céu. É a recreação depois do trabalho, enquanto esperam a grande libertação, a liberação final, que deve devolvê-los ao seu verdadeiro meio.

– Papai, o sonho, então, é a lembrança do que o Espírito viu durante o sono? – indagou Pedrinho, visivelmente emocionado.

– Sim, porém, é preciso notar que não sonhamos sempre, porque não recordamos sempre daquilo que vimos, ou de tudo que vimos. Nossa alma não está em pleno desdobramento, e, por isso, às vezes, o sonho não é senão a lembrança da perturbação, que acompanha nossa partida ou nossa volta, à qual se junta a lembrança do que fizemos ou do que nos preocupou no estado de vigília. Não fora assim, como se explicariam esses sonhos absurdos que têm tanto os sábios como as pessoas mais simples? De outra parte, os maus Espíritos também se servem dos sonhos para atormentar as almas fracas e pusilânimes. Os Espíritos disseram a Allan Kardec que, dentro em pouco, veremos se desenrolar outra espécie de sonho, tão velha como a que conhecemos, mas que ignoramos, e que foi o sonho de Joana, o sonho de Jacob, o sonho dos profetas judeus e de alguns adivinhadores indianos, qual seja o sonho como lembrança da alma inteiramente desligada do corpo físico, a lembrança dessa segunda vida da qual nos falam. Por isso mesmo, devemos analisar bem nossos sonhos, para distinguir essas duas espécies, a fim de não cairmos em contradição e nos erros que podem abalar nossa fé.

– De qualquer forma, deduzo que os sonhos são o produto da emancipação de nossa alma, que se torna mais independente pela suspensão da vida ativa e de relação. Não é verdade? – arriscou D. Lúcia.

– Exato. Daí uma espécie de clarividência indefinida que se estende aos lugares mais distantes ou que jamais se viu e, algumas vezes, mesmo a outros mundos, assim como a lembrança que traz à memória os acontecimentos ocorridos na existência precedente ou nas existências anteriores.

– Mas, como se explicam as incoerências dos sonhos? – inquiriu João Paulo, atento.

– As incoerências dos sonhos se explicam pelas lacunas que produz a lembrança incompleta do que nos apareceu em sonho, a exemplo de uma narração à qual fôssemos truncando frases, ou parte de frases, fazendo com que os fragmentos restantes, reunidos, percam toda a significação razoável. Explica-se, ainda, pela estranheza de imagens do que se passa ou se passou em mundos desconhecidos, entremeados de coisas da vida atual, e que formam esses conjuntos bizarros e confusos que parecem não ter nem sentido, nem ligação.

– Por que não nos lembramos sempre dos sonhos? – perguntou Alice que permanecera em muda expectativa.

– Na verdade, o que chamamos de sono, nada mais é do que o repouso do corpo, uma vez que o Espírito está sempre se movimentando. Nesse estado, ele recobra um pouco de sua liberdade e se corresponde com aqueles a quem ama, seja neste como em outros mundos. Mas, como o corpo é matéria pesada e grosseira, dificilmente conserva as impressões que o Espírito recebeu, no estado de emancipação, porque este não as recebeu através dos órgãos do corpo.

– Qual a significação que se pode atribuir aos sonhos? – indagou D. Lúcia.

– Os sonhos não são verdadeiros como entendem certos adivinhos, porque é absurdo crer-se que sonhar com tal coisa, anuncia tal coisa. São verdadeiros, sim, no sentido de que apresentam imagens reais para o Espírito, embora estas, freqüentemente, não tenham relação com o que se passa na vida corporal. Também já vimos que, muitas vezes, tratam-se de lembranças e, inclusive, podem ser pressentimentos acerca do futuro, quando Deus isso permite, ou a visão do que se passa nesse momento, em outro lugar, para onde a alma se transporte. Temos numerosos exemplos de pessoas que aparecem em sonho e vêm advertir seus parentes, ou seus amigos, do que lhes acontece. Essas aparições significam que, os Espíritos, dessas pessoas, vêm se comunicar com o outro. Mas, às vezes, temos certeza de que aquilo que vimos em sonho se deu realmente, e isso é uma prova de que a imaginação não tomou parte em nada, principalmente se essa coisa não esteve, de modo algum, em nosso pensamento durante a vigília.

– Às vezes, sonhamos com coisas que nos parecem verdadeiros pressentimentos, mas que não se cumprem. Como se explica isso?

– Os pressentimentos, embora não se cumpram no estado corporal, podem cumprir-se para o Espírito, que vê a coisa que deseja e vai procurá-la. Não podemos nos esquecer que a alma, durante o sono, está sempre, mais ou menos, sob a influência da matéria e, por conseguinte, jamais se liberta completamente das idéias terrenas. Disso resulta que as preocupações da vigília podem dar, ao que se vê, a aparência do que se deseja ou do que se teme; a isso, verdadeiramente, se pode chamar de um efeito de imaginação. Quando estamos fortemente preocupados com uma idéia, a ela ligamos tudo aquilo que vemos.

– Quando vemos, em sonho, pessoas vivas, que conhecemos perfeitamente, realizando atos que não sonham de maneira alguma, não se trata de um efeito de imaginação? – indagou Mariana.

– E quem pode dizer que nem sonham com isso? O seu Espírito pode visitá-lo e, nem sempre, sabe o que ele pensa. Aliás, freqüentemente, atribuímos, às pessoas que conhecemos, e segundo os nossos desejos, o que se passa ou o que se passou conosco em outras existências.

– Para que o Espírito se emancipe, há necessidade do sono completo? atalhou Pedrinho.

– Não, o Espírito recobra sua liberdade desde quando os sentidos se entorpeçam; aproveita, para se liberar, de todos os instantes de repouso que o corpo lhe proporciona. Desde que haja prostração das forças vitais, o Espírito se desprende, e quanto mais o corpo está enfraquecido, mais o Espírito está livre. Por isso mesmo, a sonolência, ou o simples entorpecimento dos sentidos apresenta, freqüentemente, as mesmas imagens do sonho. Quando os sentidos começam a se entorpecer, algumas vezes, parece-nos ouvir, em nós mesmos, palavras, e até mesmo frases inteiras, pronunciadas distintamente e que não têm nenhuma relação com o que nos preocupa, e isso pode ser um fraco eco de um Espírito que está querendo se comunicar conosco. Pode ocorrer ainda, num estado que ainda não é sonolência, quando temos os olhos fechados, vermos imagens distintas, figuras nas quais notamos os mais minuciosos detalhes, sem que isso seja um efeito de visão ou de imaginação; é que, estando o corpo entorpecido, o Espírito procura quebrar seus grilhões, e se transporta e vê. Se o sono fosse completo, isso, sem dúvida, seria um sonho.

– A gente tem, algumas vezes, durante o sono ou a sonolência, idéias que parecem muito boas e que, malgrado os esforços que fazemos para lembrar-nos, se apagam da memória; de onde provêm essas idéias e para que servem, uma vez que se perde a lembrança e não se pode aproveitá-las?

– São o resultado da liberdade do Espírito, que se emancipa e goza de mais faculdades durante esse momento. Podem ser conselhos que os outros Espíritos nos dão, ou essas idéias podem pertencer mais ao mundo dos Espíritos do que ao mundo corporal. Todavia, com mais freqüência, se o corpo se esquece, o Espírito se lembra e a idéia revive no instante necessário, como uma inspiração do momento.

– O Espírito encarnado, nos momentos em que se desliga da matéria e age como Espírito, conhece a época de sua morte? – arriscou João Paulo.

– Com muita freqüência, a pressente; algumas vezes, no entanto, tem plena consciência dela, e é isso que, no estado de vigília, lhe dá a intuição. Por isso mesmo, podem certas pessoas preverem, com grande exatidão, a sua morte.

– Papai – interviu Alice – durante o repouso ou sono do corpo, a atividade do Espírito pode fazê-lo experimentar fadiga quando retorna?

– Sim, porque o Espírito tem um corpo, como um balão cativo tem um poste. Do mesmo modo que a agitação do balão abala o poste, a atividade do Espírito, reage sobre o corpo e pode fazê-lo experimentar fadiga.

– Mas este assunto, do que se passa conosco durante o sono, creio muito importante, porque parece resultar que temos uma dupla e simultânea existência: a do corpo, que nos dá a vida de relação exterior, e a da alma, que nos dá a vida de relação oculta. Isso é exato? – indagou D. Lúcia.

– Não são, propriamente falando, duas existências, porque o homem não vive duplamente. Embora, no estado de emancipação, a vida do corpo ceda lugar à vida da alma, o que ocorre são duas fases da mesma existência: a da vigília e a do sono.

– Se todos nós, durante o sono, nos desprendemos do corpo, para vivermos outro tipo de experiência, nesse estado, duas pessoas que se conhecem podem se visitar durante o sono?

– É lógico, e muitas outras, que pensam não se conhecerem, se reúnem e se falam. Sem que suspeitemos disso, podemos ter amigos em outros países, em razão de nossa vida de relação no Plano Espiritual. Visitamos, quase todas as noites, os nossos parentes, amigos, conhecidos e as pessoas que podem nos ser úteis, todos encarnados como nós e desprendidos como nós mesmos.

– De que adiantam essas visitas noturnas, se delas não nos lembramos? – desabafou Carlinhos.

– Ao despertarmos, fica delas uma certa intuição, a qual, freqüentemente, é a origem de certas idéias que nos vêm espontaneamente e sem explicação aparente, e que não são outras que as adquiridas nessas conversas.

– Quer dizer que os homens podem provocar as visitas espirituais por sua vontade? Pode, por exemplo, ao dormir, dizer: esta noite eu vou me encontrar, em espírito, com tal pessoa, falar-lhe e dizer-lhe tal coisa?

– Pode acontecer que, segundo os motivos pelos quais se propôs, o Espírito vá visitar as pessoas que deseja, no entanto, a sua vontade no estado de vigília não é uma razão para que o faça. É que o homem, adormecendo, o Espírito desperta e está bem longe de seguir a resolução, porque a vida do homem interessa pouco ao Espírito desprendido da matéria. Claro, isto se aplica aos homens já muitos elevados. Os outros homens passam de outra forma a sua existência espiritual e noturna, entregando-se às suas paixões ou permanecendo na inatividade.

– Um certo número de Espíritos encarnados pode se reunir em assembléia? – interferiu Mariana.

– Sem nenhuma dúvida, os laços de amizade, de outras existências ou atuais, reúnem, freqüentemente, diversos Espíritos, que se sentem felizes por se encontrarem em assembléia e, ao despertar, temos uma vaga intuição das idéias que adquirimos nessas conversas ocultas, ignorando sua fonte.

– Uma pessoa que acreditasse um dos seus amigos morto, enquanto ele não esteja, poderia se encontrar com ele em Espírito e saber, assim, que está vivo? E poderia, nesse caso, ter a intuição ao despertar?

– Certamente, como Espírito, pode vê-lo e conhecer seu estado atual. Se a crença na morte do amigo não lhe é imposta como prova, terá um pressentimento de sua existência, como poderá tê-lo de sua morte, se for o caso.

– A mesma idéia, a de uma descoberta por exemplo, se produz sobre vários pontos ao mesmo tempo?

– Durante o sono, os Espíritos se comunicam entre si e, quando o corpo desperta, o Espírito se lembra do que aprendeu, e o homem acredita tê-lo inventado. Assim, várias pessoas podem descobrir a mesma coisa a um só tempo. É que o nosso Espírito, freqüentemente, revela a outros Espíritos, sem o nosso consentimento, o que se faz objeto de nossas preocupações na vigília. Quando dizemos que uma idéia está no ar, usamos uma figura muito mais justa do que acreditamos. Cada um contribui em propagá-la, sem suspeitar disso.

– Se o corpo está completamente desperto, podem os Espíritos se comunicar? – indagou D. Lúcia.

– Sim, o Espírito pode se comunicar com outros Espíritos, mesmo no estado de vigília, ainda que o faça mais dificilmente, porque ele não está encerrado no corpo como numa caixa, e irradia para todos os lados. Duas pessoas, perfeitamente despertas, têm, instantaneamente, a mesma idéia se são dois Espíritos que se simpatizam e que, por esse laço de simpatia, se comunicam e vêem, reciprocamente, seus pensamentos, sem necessidade dos sinais exteriores da linguagem, mesmo quando o corpo não dorme.

– Por falar em dormir – continuou D. Lúcia –, já estamos avançando na hora e podemos parar por aqui.

Depois de singela prece, proferida por Carlinhos, a reunião da noite, do Culto do Evangelho no Lar, foi encerrada.

IX – Emancipação da Alma – Retorno da Vida Corporal para a Vida Espiritual

A semana, desde a última reunião de estudos, transcorrera, placidamente, na casa de Augusto. Seus familiares haviam adquirido gosto pelas questões relativas ao Espírito, e era comum conversarem entre si, trocando pontos de vista ou deixando perguntas no ar. Os fatos do dia-a-dia, de casa ou de fora, geralmente, eram analisados por eles à luz do Espiritismo, naturalmente dentro dos estreitos limites dos conhecimentos que já haviam adquirido.

Alcançada a noite da reunião semanal, D. Lúcia abriu a sessão de estudos com formosa prece, articulada em torno da necessidade de auto burilamento, que tocou a todos pelas suas expressões de simplicidade e humildade.

Aberto **O Evangelho Segundo o Espiritismo**, Mariana leu, pausadamente, no capítulo V, número 21, as instruções dadas pelos Espíritos acerca da **perda de pessoas amadas** e das **mortes prematuras**, temas que, a seguir, foram comentados por Augusto, encarecendo a necessidade de considerarmos os fatos da vida dentro de suas próprias realidades, procurando-lhes o verdadeiro significado, como no caso do fenômeno da morte que, conquanto nos magoe o coração, não pode ser desconsiderado na sua feição de libertador do Espírito preso ao jugo da carne.

Iniciados os debates, foi Carlinhos quem tomou a palavra:

– Papai, hoje na escola, ouvi comentários a respeito de que o senhor Manuel, o da padaria, foi encontrado de bruços, quando foram retirar-lhe os ossos da sepultura, o que leva à suposição de que não estava morto, quando foi enterrado. Isso é possível?

– É possível, sim. Na **letargia**, que é um sono patológico prolongado, a pessoa se reveste de todas as aparências da morte. Nesse estado, o corpo não está morto, porque há funções que permanecem. A vitalidade aí está em estado latente, como na crisálida que dorme, mas não está aniquilada. O Espírito, no entanto, permanece unido ao corpo, já que os laços que os unem somente se desatam quando ocorre, realmente, a morte do corpo, e a desagregação dos órgãos, circunstância na qual a separação é completa, sem possibilidade de retorno do Espírito ao corpo. Mas, quando um homem, que tem todas as aparências da morte, retorna à vida, é porque a morte não havia se completado, era apenas aparente.

– A letargia é igual à catalepsia? – perguntou D. Lúcia.

– Não. Na catalepsia, ocorre um estado de rigidez muscular, diferente do outro, que é uma espécie de sono. Mas, tanto a letargia quanto à catalepsia, têm o mesmo princípio que é a perda momentânea da sensibilidade e do movimento por uma causa fisiológica, ainda inexplicada. Elas diferem em que, na letargia, a suspensão das forças vitais é geral, e dá ao corpo todas as aparências da morte, e, na catalepsia, ela é localizada, e pode afetar uma parte mais ou menos extensa do corpo, de maneira a deixar a inteligência livre para se manifestar, o que não permite confundi-la com a morte. A letargia é sempre natural. A catalepsia, algumas vezes, é espontânea, podendo, no entanto, ser provocada e desfeita artificialmente pela ação magnética. Nesses dois estados, a pessoa vê e ouve tudo ao seu redor, sem poder se manifestar; não ouve e vê pelos ouvidos e pelos olhos, mas pelo Espírito, que se reconhece, sem poder se comunicar, porque o estado do corpo se opõe a isso. Aliás, este estado particular dos órgãos, nos dá a prova de que há, no homem, outra coisa além do corpo: de que este, não tendo mais função, o Espírito ainda age.

– Quando alguém está nesse estado, não existem cuidados proporcionados a tempo para poder reatar os laços prestes a se romperem e tornar à vida um ser que, por falta de socorro, estaria definitivamente morto? – indagou Mariana, aflita.

– Sim, sem dúvida, e disso temos provas todos os dias. O magnetismo, nesse caso, é um poderoso meio de recuperação, porque restitui ao corpo o fluido vital que lhe falta, e que era insuficiente para manter o funcionamento dos órgãos.

– Vejam – continuou Augusto, depois de pequena pausa – que, nos casos de letargia e catalepsia, a pessoa está consciente, ouve e vê tudo o que se passa, mas não pode se manifestar, pelo estado anormal do corpo, que não obedece ao comando do Espírito. Creio que se trata de situações opostas às do **sonambulismo,** quando a pessoa, estando inconsciente, e os órgãos, de certa forma, em estado cataléptico, o Espírito movimenta livremente o corpo.

– O que é sonambulismo? – perguntou Carlinhos, que pela primeira vez ouvia tal referência.

– É um estado de emancipação da alma, de que gozam certas pessoas, em virtude de disposições físicas e espirituais especiais, que lhes permite ver e ouvir o que se passa à distância, faculdade que tem o nome de **clarividência**. Diz-se que o sonambulismo é **natural**, quando ocorre espontaneamente, e que é **magnético** quando se produz pela ação de um magnetizador sobre o agente.

– O sonambulismo tem relação com os sonhos? Como se pode explicá-lo? – indagou D. Lúcia.

– É um estado de independência da alma, mais completo do que no sonho e, nesse caso, suas faculdades estão mais desenvolvidas, com percepções que não tem no sonho o qual, na verdade, é um estado incompleto de sonambulismo. No sonambulismo, o Espírito é inteiramente ele mesmo. Estando os órgãos materiais, de certa forma, em estado cataléptico, não recebem mais as impressões exteriores. Este estado se manifesta, sobretudo, durante o sono, e é o momento em que o Espírito pode deixar provisoriamente o corpo, ficando este entregue ao repouso, indispensável à matéria. Quando os fatos do sonambulismo se produzem, é que o Espírito, preocupado por uma coisa ou por outra, se entrega a uma ação qualquer que necessita o uso do corpo, do qual se serve, então, de um modo análogo ao emprego que faz de uma mesa, ou de outros objetos materiais, nos fenômenos de manifestação física, ou mesmo da mão, naqueles de comunicação escrita mecânica. Nos sonhos, dos quais se têm consciência, os órgãos, incluindo o da memória, começam a despertar e recebem, imperfeitamente, as impressões produzidas pelos objetos ou pelas causas exteriores, e as comunicam ao Espírito que, também, então em repouso, não capta senão sensações confusas e, freqüentemente, sem nexo e sem alguma razão de ser aparente, misturadas que são de vagas lembranças, sejam desta existência, sejam de existências anteriores. É fácil compreender, então, porque os sonâmbulos não têm nenhuma lembrança, e porque os sonhos, dos quais se conserva a memória, não têm, o mais freqüente-mente, nenhum sentido. Eu disse o mais freqüentemente, porque ocorre que eles são a resultante de uma lembrança precisa de acontecimentos de uma vida anterior, e, algumas vezes, mesmo uma espécie de intuição do futuro.

– Outro dia, ouvi Otávio lhe falando de médiuns sonâmbulos, cujas faculdades são mais precisas. Trata-se do mesmo caso de sonambulismo?

– O fenômeno é o mesmo: a alma se emancipa, mais além dos limites do sonho, se transporta, vê coisas distantes e, algumas vezes, como se disse, explora o passado e o futuro. Há uma clarividência, cuja amplitude varia segundo o grau de sensibilidade mediúnica e de recursos pessoais do médium, em razão de disposições físicas, que ajudam o Espírito a se desprender, e de disposições espirituais, que permitem ao médium interpretar melhor os fatos que presencia.

– E de que resulta essa clarividência? – indagou Mariana, interessando-se mais a fundo pela questão.

– Do mesmo modo que durante o sono: a alma do sonâmbulo se transporta para outros lugares, e é ela quem vê. Até certo ponto, e levando em conta a influência que ainda lhe exerce a matéria, pode-se dizer que a liberdade da alma, no sonambulismo, se apro-xima do estado do Espírito depois da morte. A maioria dos sonâmbulos vê os outros Espíritos, dependendo do seu grau de lucidez; todavia, algumas vezes, não percebem tudo, de início, e os tomam por seres corpóreos, sobretudo os que não conhecem bem o Espiritismo, porque não compreendendo ainda a essência dos Espíritos, os tomam por pessoas vivas. Não se constituindo a matéria barreira para o Espírito, que a atravessa livremente, para o sonâmbulo não existem corpos opacos, porque não depende dos órgãos visuais como nós, podendo-se dizer que a sua visão é generalizada, sendo capaz de ver pela fronte, pelo joelho, etc., ou seja, é pelo exterior de seu corpo que ele vê. Deve-se levar em conta, no entanto, que nem sempre vê tudo, porque a Espíritos imperfeitos não é dado tudo conhecer; demais disso, achase preso à matéria e, assim, limitado em sua liberdade, além de ser, como nós, vítima de preconceitos. Deus deu ao homem essa faculdade para um fim útil e sério e não para aprender o que não deve saber, e é por isso que os sonâmbulos não podem tudo dizer. Como disse, a alma não deixa inteiramente o corpo, ao qual está sempre ligada por um laço que é condutor das sensações, e, por essa razão, o sonâmbulo pode dizer que sente frio ou calor, quando duas pessoas se correspondem de uma cidade a outra pela eletrecidade, é a eletrecidade o elemento de ligação entre seus pensamentos e, por isso, se comunicam como se estivessem uma ao lado da outra. Muitas vezes, o sonâmbulo pode falar com exatidão de coisas que ignora no estado de vigília, e que estão mesmo acima de sua capacidade intelectual; é que, além de suas lembranças, conquanto incompletas, de existências anteriores, ele recebe, também, comunicações de outros Espíritos, que lhe transmitem o que deve dizer e suprem a sua insuficiência, e isso se nota, sobretudo, nas prescrições médicas, onde o Espírito do sonâmbulo vê o mal e um outro lhe indica o remédio.

– Que faculdade maravilhosa! A lucidez do sonâmbulo é indefinida? Como se sente ele? – perguntou João Paulo.

– Não, o poder de lucidez sonambúlica não é indefinido. O Espírito, mesmo completamente livre, está limitado em suas faculdades e em seus conhecimentos, segundo o grau de perfeição que atingiu, e mais ainda quando está ligado à matéria da qual sofre a influência. Esse o motivo pelo qual a clarividência sonambúlica não é, nem universal e nem infalível. Pode-se contar muito menos com sua infalibilidade, quando se desvia do objetivo natural da faculdade e quando se faz objeto de curiosidade e de **experimentação**. Aliás, mesmo no **êxtase**, o Espírito sofre limitações e pode se expressar erroneamente.

– O que é o êxtase, papai? – perguntou Carlinhos, interferindo.

– O êxtase é o estado no qual a independência da alma e do corpo se manifesta de maneira mais sensível e se torna, de alguma sorte, palpável. No sonho e no sonambulismo, a alma erra nos mundos terrestres; no êxtase ela penetra em um mundo desconhecido, o dos Espíritos etéreos, com os quais entra em comunicação, sem poder, todavia, ultrapassar certos limites, que não poderia transpor sem romper, totalmente, os laços que a ligam ao corpo. Um estado resplandecente, todo novo, a circunda; harmonias desconhecidas sobre a Terra a arrebatam, um bem-estar indefinível a penetra: ela frui, por antecipação, da beatitude celeste, **e pode-se dizer que põe um pé sobre o limiar da eternidade**. No êxtase, que é um sonambulismo mais apurado, o aniquilamento do corpo é quase completo, não há mais, por assim dizer, do que a vida orgânica, e sente-se que a alma se prende a ela por um fio, que um esforço a mais faria romper para sempre. Nesse estado, todos os pensamentos terrestres desaparecem para dar lugar ao sentimento purificado, que é a essência mesma de nosso ser imaterial. Inteiramente nessa contemplação sublime, o extático não considera a vida senão uma paragem momentânea. Para ele, os bens e os males, os prazeres grosseiros e as misérias deste mundo, não são mais do que os incidentes fúteis de uma viagem da qual está feliz de ver o termo.

– O Espírito do extático penetra, realmente, nos mundos superiores? – indagou D. Lúcia.

– Sim, os vê e compreende a felicidade dos que ali habitam e, por isso, gostaria de ficar lá. Essa a razão porque o extático, geralmente, exprime *o* desejo de deixar a Terra, afrouxando seu instinto de conservação. Mas, isso depende do grau de evolução do Espírito; se ele vê sua posição futura melhor do que a vida presente, se esforça por romper os laços que o prendem à Terra e, se for abandonado a si mesmo, poderá morrer, sendo necessário fazê-lo voltar, por tudo que pode prendê-lo neste mundo, principalmente fazendo-o entender que, se romper a cadeia que o retém, esse será o verdadeiro meio de não permanecer onde ele vê que seria feliz.

– O extático conta exatamente como são as coisas nesses mundos superiores? Tudo o que ele vê é real? Em que grau de confiança pode-se valorizar as suas revelações?

– Tudo o que o extático vê, é real para ele; mas, como seu Espírito está sempre sob a influência das idéias terrenas, pode ver à sua maneira, ou, melhor dizendo, exprimir-se em uma linguagem apropriada aos seus preconceitos e às idéias de onde nasceu, ou aos nossos, a fim de melhor se fazer compreender. É nesse sentido, sobretudo, que ele pode errar. E se engana, também, quando quer penetrar naquilo que deve permanecer um mistério para o homem, porque então se abandona as próprias idéias ou se torna joguete de Espíritos enganadores que aproveitam o seu entusiasmo para fasciná-lo. Na verdade, os extáticos são como os sonâmbulos: sua lucidez pode ser mais ou menos perfeita, e seu próprio Espírito, segundo seja mais ou menos elevado, também está mais ou menos apto a conhecer e a compreender as coisas. Há neles, algumas vezes, mais de exaltação do que de verdadeira lucidez, ou, melhor dizendo, sua exaltação prejudica a sua lucidez; é por isso que suas revelações, freqüentemente, são uma mistura de verdades e de erros, de coisas sublimes e de coisas absurdas ou mesmo ridículas. Os Espíritos inferiores aproveitam, freqüentemente, dessa exaltação, que é sempre uma causa de fraqueza quando não se sabe reprimi-la, para dominar o extático, e, com esse efeito, cobrem seus olhos de **aparência**, que o entretém nas idéias ou preconceitos da vigília. É isso um escolho, mas não são todos assim, cabendo-nos julgar, friamente, e pesar suas revelações na balança da razão.

– Os fenômenos do sonambulismo e do êxtase seriam uma espécie de iniciação à vida futura? – perguntou Mariana.

– Melhor dizendo: é a vida passada e a vida futura que o homem entrevê. Quando estudarmos detidamente esses fenômenos, dizem-nos os Espíritos que encontraremos neles a solução de muitos mistérios que a nossa razão procura inutilmente penetrar, e que, os que os estudem de boa-fé, e sem prevenção, não podem ser nem materialistas e nem ateus. Mas, é preciso salientar que os fatos conhecidos como de **segunda vista**, também enriquecem essa fenomenologia comprobatória.

– O que vem a ser **segunda vista**? – inquiriu Carlinhos, de pronto.

– Trata-se da emancipação da alma no estado de vigília e que dá, àqueles que entram nesse estado, a faculdade de ver, de ouvir e de sentir **além dos limites dos nossos sentidos**, percebendo as coisas ausentes por todas as partes onde a alma estende sua ação, vendo-as, por assim dizer, através da vista ordinária, e como por uma espécie de miragem. No momento em que se produz o fenômeno da **segunda vista**, o estado físico está sensivelmente modificado; o olho tem alguma coisa de vago, olhando sem ver o que está presente; toda a fisionomia reflete uma espécie de exaltação, e constata-se que os órgãos visuais são estranhos àquilo em que a visão focaliza e persiste, malgrado a oclusão dos olhos. A segunda vista é a vista da alma e, nesse fenômeno, o Espírito está mais livre ainda do que no sonho e no sonambulismo, embora o corpo não esteja adormecido. Nos mundos menos materiais do que o nosso, os Espíritos se desprendem mais facilmente do corpo e entram em comunicação apenas pelo pensamento, sem excluir, no entanto, a linguagem articulada, sendo a dupla vista aí, para a maioria, uma faculdade permanente.

– A segunda vista, ou dupla vista, é espontânea ou pode se desenvolver pelo exercício? O corpo físico exerce alguma influência para a faculdade? – indagou D. Lúcia, intervindo nos debates.

– O mais freqüentemente, a dupla vista é espontânea; todavia a vontade exerce um grande papel e, prova disso, pode-se constatar nas pessoas que praticam adivinhações e acabam consolidando um certo poder, por força da vontade, de penetrar nessa segunda vista, a que chamamos **visão**. Sem dúvida, pois, que a faculdade pode se desenvolver pelo exercício, não se desconhecendo que o trabalho conduz sempre ao progresso, e o véu que cobre as coisas se torna menos compacto. Respondendo à segunda indagação, verifico que os Espíritos afirmaram, a Allan Kardec, que o corpo físico exerce papel importante na segunda vista, existindo organismos inteiramente refratários à faculdade, e que, decorrendo dessa dependência, parece hereditária em certas famílias pela semelhança de organização física e também por uma espécie de educação, que se transmite de um a outro, desenvolvendo a faculdade.

– As visões que os moribundos costumam ter, são fenômenos de segunda vista?

– Exatamente; a doença, a aproximação de um perigo, uma grande comoção, podem desenvolver a faculdade. O corpo está algumas vezes em um estado particular que permite ao Espírito ver o que não podemos ver com os olhos materiais. Aliás, todas as seitas e partidos perseguidos, nos oferecem numerosos exemplos de que, a Providência, na presença de um perigo, nos dá os meios de conjurá-lo, como ocorre nas épocas de crise, de calamidade, e nas grandes emoções, todas causas que superexcitam o moral e provocam, algumas vezes, o desenvolvimento da faculdade.

– E como se sente a pessoa dotada desta faculdade? Deve ser interessante ver o que os outros não vêem e que está além do nosso plano material!

– Esta faculdade, àqueles que a possuem, parece natural como a de ver; é para eles um atributo de seu ser, que não lhes parece excepcional. O esquecimento, comumente, se segue a essa lucidez passageira, da qual guarda a lembrança, cada vez mais vaga. O poder da segunda vista varia, de outra parte, desde a sensação confusa até a percepção, clara e nítida, das coisas presentes e ausentes. No estado rudimentar, dá, a certas pessoas, o tato, a perspicácia, uma espécie de segurança de seus atos que se pode chamar a **precisão do golpe de vista moral**. Mais desenvolvida, a faculdade desperta os pressentimentos.

Mais desenvolvida ainda, mostra os acontecimentos ocorridos, ou em vias de ocorrerem. Como *se* deduz, o sonambulismo, seja natural ou artificial, o êxtase e a segunda vista, não são mais que variedades ou modificações de uma mesma causa. Esses fenômenos, da mesma forma que o sonho, estão na Natureza e, por isso, existiram em todos os tempos. A História nos mostra que eles foram conhecidos, e mesmo explorados, desde a mais alta antigüidade, encontrando-se neles a explicação de muitos fatos que os prenconceitos rotularam de sobrenaturais.

– Estamos estudando o estado de liberdade parcial do Espírito encarnado, mas, em que se torna a alma no instante da morte? – indagou Pedrinho, interessado.

– Volta a ser Espírito, quer dizer, retorna ao mundo dos Espíritos, que deixou, momentaneamente. Sente-se ela mesma, uma individualidade distinta das demais. Se está em condições de compreender seu novo estado, vê-se com novo corpo, de um fluido que lhe é próprio, tomado da atmosfera de seu planeta, que representa a aparência de sua última encarnação e que, como sabemos, é o seu perispírito. Do mundo que deixa, não leva mais do que lembranças, cheias de doçura ou de amargura, de acordo com o emprego que fez da vida. Quanto mais pura, mais compreende a futilidade do que deixa sobre a Terra, vibrando no desejo de ir para um mundo melhor, nas estradas da vida eterna.

– O que é vida eterna? É a dos Espíritos puros que não necessitam mais encarnar? – inquiriu João Paulo.

– É a vida do Espírito que é eterna; a do corpo é transitória e passageira. Quando o corpo morre, a alma retorna à vida eterna. Quanto à questão dos Espíritos puros, trata-se, ainda, da vida eterna, mas, em razão de seu estado, com a felicidade eterna.

– Como se opera a separação da alma e do corpo? É dolorosa? É instantânea? – perguntou Carlinhos, que acompanhava, atento, as considerações de Augusto.

– Quando se rompem os laços que retêm a alma ao corpo, ela se liberta. Freqüentemente, o corpo sofre mais durante a vida, do que no momento da morte, no qual não toma parte. Os sofrimentos que experimenta, algumas vezes, no momento da morte, são um **prazer para o Espírito**, que vê chegar o fim do seu exílio. Na morte natural, que chega pelo esgotamento dos órgãos, em conseqüência da idade, o homem deixa a vida sem o perceber: é uma lâmpada que se apaga por falta de alimentação. Mas a alma se liberta, gradualmente, e não se escapa como um pássaro cativo, que ganha subitamente a liberdade. Esses dois estados – da vida e da morte – se tocam e se confundem; assim, o Espírito se liberta pouco a pouco de seus laços, que se desatam e não se quebram. Durante a vida, o Espírito se liga ao corpo por seu envoltório semi-material, que é o perispírito. A morte é apenas a destruição do corpo e não desse segundo envoltório, que se separa do corpo quando a vida orgânica nele cessa. A observação prova que, no instante da morte, o desligamento do perispírito não se completa subitamente, mas se opera gradualmente, com uma lentidão, que varia muito segundo os indivíduos. Para alguns, ele é rápido, e pode-se dizer que o momento da morte é o mesmo do desligamento, algumas horas após. Para outros, sobretudo aqueles cuja vida **foi toda material e sensual**, o desligamento é muito menos rápido e dura, algumas vezes, dias, semanas e mesmo meses, o que não implica existir no corpo a menor vitalidade, nem a possibilidade de um retorno à vida, mas uma simples afinidade entre o corpo e o Espírito, afinidade que está sempre em razão da preponderância que, durante a vida, o Espírito deu à matéria. De fato, é racional conceber que quanto mais o Espírito se identifica com a matéria, mais sofre ao se separar dela. Ao passo que a atividade intelectual e moral, a elevação dos pensamentos, operam um começo de libertação mesmo durante a vida do corpo e, quando chega a morte, ela é quase instantânea. Tal é o resultado dos estudos feitos sobre todos os indivíduos observados no momento da morte. Essas observações provam, ainda, que a afinidade persistente entre a alma e o corpo, em certos indivíduos, é algumas vezes muito penosa, porque o Espírito pode experimentar o horror da decomposição. Este caso é excepcional e particular a certos gêneros de vida e a certos gêneros de morte, apresentando-se, algumas vezes, entre os suicidas. Por outro lado, pode ocorrer que, na agonia, a alma já deixou o corpo e não há mais do que vida orgânica: o homem não tem mais consciência de si mesmo e, entretanto, lhe resta ainda um sopro de vida. O corpo é uma máquina que o coração movimenta, existindo enquanto o coração faz circular o sangue nas veias e, para isso, não necessita da alma.

– No momento da morte, a alma tem, algumas vezes, uma inspiração ou êxtase, que lhe faça entrever o mundo em que vai entrar?

– Com freqüência, a alma sente se desatarem os laços que a ligam ao corpo e faz, então, todos os esforços para rompê-los inteiramente. Já em parte desligada da matéria, vê o futuro se desenrolar diante dela e alegra-se, por antecipação, da situação de Espírito.

– No momento que se reconhece, no mundo dos Espíritos, que sensação experimenta a alma? – arriscou Mariana.

– Depende. Quem fez o mal, com o desejo de praticá-lo, no primeiro momento, envergonhar-se-á de tê-lo feito. Mas, o justo se sente como aliviado de um grande peso, pois não teme nenhum olhar perquiridor.

– O Espírito reencontra, imediatamente, aqueles que conheceu sobre a Terra, e que morreram antes dele? – inquiriu Pedrinho.

– Sim, de acordo com a afeição que lhes tributava e a que tinham por ele. Freqüentemente, vêm recebê-lo, em sua volta ao mundo dos Espíritos, e **ajudam a libertá-lo das faixas da matéria**; reencontra, também, a muitos que havia perdido de vista em sua permanência na Terra. Vê aqueles que estão na erraticidade, os que estão encarnados, e vai visitá-los.

– Na morte violenta e acidental, quando os órgãos não estão, ainda, enfraquecidos pela idade ou pelas doenças, a separação da alma e a cessação da vida ocorrem simultaneamente?

– Geralmente é assim, mas, em todos os casos, o instante que os separa é muito curto.

– Após a decapitação, por exemplo, quando a cabeça se separa do resto do corpo, o homem conserva, por alguns instantes, a consciência dele mesmo? – perguntou Dª Lúcia, prosseguindo os debates.

– Ele a conserva, freqüentemente, por alguns minutos, até que a vida orgânica esteja completamente extinta. Mas, muitas vezes, também a expectativa da morte lhe faz perder esta consciência antes do instante do suplício. Esclareça-se, no entanto, que se trata aqui da consciência que o supliciado pode ter de si mesmo, como homem e por intermédio dos órgãos, e não como Espírito. Se não perdeu esta consciência antes do suplício, pode conservá-la por alguns instantes, que são de breve duração, e que cessa imediatamente com a vida orgânica do cérebro, o que não quer dizer que o perispírito esteja inteiramente desligado do corpo. Ao contrário, em todos os casos de morte violenta, quando ela não resulta da extinção gradual das forças vitais, os laços que prendem o corpo ao perispírito são mais tenazes, e o desligamento completo é mais lento.

– Quer dizer que a alma, deixando o corpo, não tem imediata consciência de si mesma? – inquiriu João Paulo, admirado.

– A consciência de si mesma não é imediata; ela passa algum tempo em perturbação, sendo certo que nem todos os Espíritos experimentam, no mesmo grau, e durante o mesmo tempo, a perturbação que segue à separação da alma e do corpo. Tudo depende da elevação de cada um. Aquele que já está purificado se reconhece quase imediatamente, uma vez que já se libertou da matéria durante a vida física, enquanto que o homem carnal, aquele cuja consciência não é pura, conserva por tempo mais longo a impressão dessa matéria. O conhecimento do Espiritismo exerce uma influência muito grande sobre a duração, mais ou menos longa, da perturbação, uma vez que o Espírito já compreendia, antecipadamente, a sua situação. Contudo, a prática do bem e a pureza da consciência são os que exercem maior influência. De um modo geral, no entanto, no momento da morte, a princípio, tudo é confuso. A alma se acha aturdida e necessita de algum tempo para se reconhecer, já que está no estado igual ao de um homem que, despertando de um sono profundo, procura se orientar sobre a sua situação. À medida que se apaga a influência da matéria, da qual se libertou, e se dissipe a espécie de neblina que obscurece seu pensamento, lhe voltam a lucidez das idéias e a memória do passado.

– Qual a duração e a natureza dessa perturbação?

– O tempo decorrido da perturbação que se segue à morte do corpo, varia muito, de Espírito para Espírito, podendo ser de algumas horas, de muitos meses e mesmo de muitos anos. É menos longa para aqueles que, desde sua vida terrena, se identificaram com o seu estado futuro, porque, então, compreendem, imediatamente, a sua nova posição. Essa perturbação apresenta circunstâncias particulares, segundo o caráter dos indivíduos e, sobretudo, de acordo com o gênero de morte. Nas mortes violentas, por suicídio, suplício, acidente, apoplexia, ferimentos, etc., o Espírito é surpreendido, espanta-se, e não acredita que morreu, sustentando essa idéia com obstinação. Entretanto, vê seu corpo, sabe que esse corpo é seu, e não compreende porque está separado dele; acerca-se das pessoas a quem estima, fala-lhes e não compreende porque elas não o ouvem.

– Que horror, papai! Quanto tempo a alma permanece nessa situação confusa? indagou Pedrinho, angustiado.

– Essa ilusão perdura até a inteira libertação do perispírito e, só então, o Espírito se reconhece e compreende que não pertence mais ao número dos vivos. Esse fenômeno, no entanto, se explica, facilmente. Surpreendido de improviso pela morte, o Espírito fica atordoado com a brusca mudança que nele se operou. Para ele, a morte é ainda sinônimo de destruição e aniquilamento e, como pensa, vê e escuta, não se considera morto. Sua ilusão é aumentada por se ver com um corpo de forma semelhante ao precedente, mas cuja natureza etérea ainda não teve tempo de estudar, crendo-o sólido e compacto como o primeiro, admirando-se de não poder apalpá-lo, quando lhe chamam a atenção sobre esse ponto. Este fenômeno é análogo ao dos sonâmbulos iniciantes, que não acreditam dormir, uma vez que, para eles, o sono

é sinônimo de suspensão das faculdades e, desde que pensam livremente e vêem, julgam que não dormem. Certos Espíritos também apresentam essa particularidade, embora a morte não lhes tenha chegado inesperadamente, todavia, é sempre mais generalizada naqueles que, apesar de doentes, não pensam em morrer. Vê-se, então, o singular espetáculo de um Espírito assistindo aos próprios funerais, como se fora um estranho, deles falando como de uma coisa que não lhe dissesse respeito, até o momento que compreende a verdade. Quanto à sua carga emotiva, podemos dizer que a perturbação que se segue à morte, nada tem de penosa para o homem de bem, sendo calma e em tudo semelhante à que acompanha um despertar tranqüilo. Para os que não têm consciência pura, no entanto, ela é cheia de ansiedades e de angústias, que aumentam à medida que eles se reconhecem na nova situação. Vale assinalar, ainda, que, nos casos de morte coletiva, se tem observado que todos os que perecem ao mesmo tempo, nem sempre se revêem imediatamente, e isto porque, na perturbação que se segue à morte, cada um vai para o seu lado, ou se preocupa apenas com aqueles que lhe interessam.

Depois de lembrar o adiantado da hora, e instada por Augusto, D. Lúcia encerrou a reunião da noite com singela prece.

#ESP07391

Mundo dos espíritos

Mundo Maior
Editora
Seu futuro começa aqui